Alfred August Bernhard Breysig

Grundzüge der deutschen Grammatik

für untere und mittlere Klassen höherer Lehranstalten

Alfred August Bernhard Breysig

Grundzüge der deutschen Grammatik
für untere und mittlere Klassen höherer Lehranstalten

ISBN/EAN: 9783743486805

Hergestellt in Europa, USA, Kanada, Australien, Japan

Cover: Foto ©Paul-Georg Meister /pixelio.de

Manufactured and distributed by brebook publishing software (www.brebook.com)

Alfred August Bernhard Breysig

Grundzüge der deutschen Grammatik

Grundzüge
der
deutschen Grammatik
für

untere und mittlere Klassen höherer Lehranstalten.

Zusammengestellt

von

Dr. A. Brevsig,
Professor am Königlichen Gymnasium zu Erfurt.

Dritte, durchgesehene Auflage.

Posen,
Druck und Verlag der Merzbach'schen Buchdruckerei.
1885.

Vorwort.

Diese Auflage der Grundzüge hat einige Änderungen erfahren.

Zunächst ist in ihr die Rechtschreibung durchgeführt worden, welche für die preußischen Schulen vorgeschrieben ist. Daher mußte besonders der erste Abschnitt einer neuen, durchgreifenden Bearbeitung unterzogen werden.

Sodann bin ich bei der Übersicht über die starken Verba dem von A. Koberstein in seiner Laut- und Flexionslehre aufgestellten Schema gefolgt. Außerdem ist ein alphabetisches Verzeichnis der gebräuchlichsten starken Verba hinzugekommen.

Auch die Satzlehre, so wie die beiden folgenden Abschnitte, die Wortbildung und die Worterklärungen, haben zu mancherlei Änderungen Anlaß gegeben.

Außer der oben angeführten Schrift Kobersteins habe ich für diese Ausgabe auch die deutsche Grammatik für die Unter- und Mittelklassen höherer Lehranstalten von W. Wilmanns benutzt.

Schließlich verdanke ich mehrere Nachweise und Berichtigungen den Herren Direktor Dr. Hartung und Professor Dr. Bernhardt hierselbst, denen ich für ihre freundliche Unterstützung auch hier meinen ergebensten Dank ausspreche.

Erfurt, 10. September 1884.

A. Breysig.

Inhalt.

I. Orthographisches.
Seite
1. Ausgewählte Wörter zur Einübung ... 1
2. Über den Gebrauch einiger Konsonanten ... 12
3. Silbentrennung ... 13
4. Über die Anfangsbuchstaben ... 13

II. Aus der Formenlehre.
1. Die Redeteile ... 15
2. Der Artikel ... 16
3. Das Substantivum ... 16
4. Deklination der Substantiva ... 17
5. Gleichlautende Substantiva ... 21
6. Deklination der Eigennamen ... 22
7. Das Adjektivum ... 23
8. Die Komparation oder Steigerung ... 25
9. Das Pronomen ... 27
10. Das Numerale ... 30
11. Das Verbum ... 31
12. Die Hilfszeitwörter ... 35
13. Die starken Verba ... 36
14. Abweichende Bildungen ... 38
15. Verzeichnis der starken Verba ... 39
16. Die schwachen Verba ... 44
17. Das Adverbium ... 45
18. Die Präpositionen ... 45
19. Die Konjunktionen ... 46
20. Die Interjektionen ... 47

III. Satzlehre.
1. Subjekt und Prädikat ... 47
2. Einteilung der Sätze ... 48
3. Der einfache Satz ... 49
4. Der erweiterte Satz ... 49
   1. Die Attribute ... 50
   2. Die Objekte ... 51
   3. Die adverbialen Bestimmungen ... 53
5. Der zusammengesetzte Satz ... 54
   I. Die beigeordneten Sätze ... 54
   II. Die einfach über- und untergeordneten Sätze ... 55
      1. Die Substantivsätze ... 56
      2. Die Adjektivsätze ... 58
      3. Die Adverbialsätze ... 59
6. Zergliederung mehrfach über- und untergeordneter Sätze ... 61
7. Die Periode ... 63

IV. Von der Wortbildung.
1. Von den Lauten ... 65
2. Silben. Wörter ... 66
3. Wortbildung ... 67
   A. Innere Wortbildung ... 67
   B. Äußere Wortbildung ... 68
      1. Ableitung ... 68
      2. Zusammensetzung ... 69
4. Eine Wortfamilie ... 70

V. Worterklärungen ... 72

I. Orthographisches.

Es ist nichts Kleines, sondern etwas Großes und in vielen
Dingen Nützes, seine Sprache richtig zu schreiben.
J. Grimm.

1) Ausgewählte Wörter zur Einübung.

Aar (der Vogel), der oder das Ar (das Flächenmaß, Abend= 1.
mahl, Abenteuer, abschlägig, abschläglich, abspenstig, abwägen, auf
Abwegen, Accise, Achse und Axe, Achsel, Axt, ächten, die echten
Stoffe, achtzehn, achtzig, ächzen, adelig und adlig, Adieu, ade!
Adjutant, Adolf, Adresse, adressieren, affizieren und afficieren, unter
der Ägide, Ahle, ahnden (strafen), ahnen, ähnlich, ähneln, Ähre
(des Korns), Ehre (Ansehn), Alarm, alarmieren, Alchimie, Al=
chimist, vor allem, allenthalben, allerseits, allezeit, Allee, die Alleen,
Allianz und Alliance, im allgemeinen, allmählich, alltags, alltäglich,
Alphabet, alt und jung, wir lassen es beim alten, Altertum, alter=
tümlich, die Altvordern, Amboß, Ameise, von Amts wegen,
amüsant, amüsieren, Amusement, Analyse, analysieren, analytisch,
das Anathem, anderenfalls, andererseits, anderseits, anderthalb, ihm
ist angst und bange, wir sind in Angst, Anmut, anmutig, anonym,
ansässig, die Pferde ansträngen, strenget euch an, Anteil, Anthologie,
Anthropologie, Antipathie, anwidern, Apathie, Apfelsine, Apotheke,
Aprikose, April, Ärgernis, Arithmetik, Armee, Ärmel, Armut, Asphalt,
Ästhetik, ästhetisch, Asthma, Asyl, Atem, Atheist, Äther, ätherisch,
Atmosphäre, Attaque und Attacke, aufsässig, Augenbraue, die Augen=
brauen, das Augenlid, ausmerzen, ausrenken, aussätzig, aufs äußerste,
er ist auf das Äußerste gefaßt, authentisch.

Bacchus, das Bad, er bat, Bagage, Bahn, Bahre, Bai, bei 2.
mir, Baiern, Bajonett, der Bankerott und der Bankrott, er ist

bankrott, Banquier und Bankier, bar, bares Geld, die Barschaft, barfuß, Baracke, Barchent, Barett, Bär, Beere, Barriere, Barthel, Baryton, Baß, die Bässe, der Bast, paßt auf, Bataillon, Bauch und Bogen, Bazar und Basar, Beere, Beet, befiehl dem Herrn deine Wege, ihn befiel das Fieber, behende, behilflich und behülflich, Bekenntnis, Belag, die Beläge, Beleg, zum Belege, Bel-Etage, Belletrist, beredt, Beredsamkeit, Bertha, Berthold, bescheren, beseligend, besser bester, am besten, aufs beste, zum besten haben, zum besten geben, Letzteren, in Betracht ziehen, der Betrag, Bettag, Betttuch, sich bewähren, bewehren (mit Waffen versehen), bewirten, Bewirtung, Bewußtsein, bezeigen, bezeugen, bezichtigen, Bibel, Biber, Bibliothek, Biene, Bühne, Billet, die Billete und die Billets, Bimsstein, Biographie, bis, bisher, bis hierher, der Biß, er biß, ein bißchen, Bischof, Bistum, Bivouak und Biwak, bläuen, blau färben, durchbleuen, die Zähne blecken (zeigen), die Schafe blöken, blindlings, Blockade, blockieren, die Blüte, die Rose blühte, die Bohle ist morsch, eine Bowle trinken, das Brot, die Boote und die Böte, der Bord des Schiffes, die Borte am Kleide, der Bote, er bot, er erbot sich, Bouillon, Bouquet, Bouteille, boxen, Brahmine, Brandmal, Branntwein, Bräutigam, Brennessel, Brett, Brezel und Prezel, Brigg, brillant, Brot, die Brote, Buchsbaum, Büchse, buckelig, Budget, Büffett, der Bug des Pferdes, das Bugspriet am Schiffe, ein Bund Spargel, das Kleid ist bunt, das Bureau, die Bureaus und die Bureaux, burzeln und purzeln, die Büste des Kaisers, er büßte schwer, Butike und Boutique.

3. Das Café (Kaffeehaus), der Kaffee, Campagne, Canaille, Caprice, Carré, Carriere, Castagnette, Casus und Kasus, Ceder und Zeder, Cement und Zement, Censur und Zensur, Centner und Zentner, Centrum und Zentrum, Ceremonie und Zeremonie, Chaine, Chaise, Chamäleon, Champagner, Charakter, Charlatan, Charpie, Chaussee, Chicane und Schikane, Chiffer, Chimäre und Schimäre, Cholera, der Chor der Sänger, das Chor in der Kirche, das Corps, das Armeecorps, der Choral, Christ, Christus, die Chronik, chronische Leiden, Cigarre und Zigarre, Cirkular und Zirkular, Citrone und Zitrone, Civil und Zivil, Clique, Coaks, Cognak, Commis, Commune und Kommune, Compagnie und Kompagnie, Comptoir und Kontor, Concept und Konzept, Coulisse und Kulisse, Coupé, Coyr, Cousin, Cousine, Couvert, Cyklop, Cylinder, Cyniker, Cypresse.

Dachs, Damast, Dambrett, Damspiel, Damstein, Damhirsch, **4.** Damwild, Dämon, Dampf, das, dasjenige, dasselbe, daß, die Schlange betrog mich, daß ich aß; Daune und Dune, Debit, Debüt, Debütant, Decigramm, Decimalmaß, decimieren und dezimieren, bedizieren und bedicieren, Deficit und Defizit, Deichsel, Dekan, Dechant, deliciös und deliziös, Demut, demütig, Denkmal, dennoch, denuncieren und denunzieren, derart, dergestalt, dermaßen, derzeit, des, dessen, desselben, deshalb, desfalls, desgleichen, deswegen, Dessert, Detail, es deuchte mich, Dezember und December, Diarrhöe, Dickicht, Diebstahl, Dienstag, dies, diesjährig, diesmal, diesseits, der Dinkel auf dem Felde, hüte dich vor Dünkel, Diphthong, Disciplin und Disziplin, Dithyrambe, Docent und Dozent, Doge, Dogge, Dohle, Dohne (Schlinge zum Vogelfang), Domizil und Domicil, Donnerstag, Douane, Draht, drängen, dräuen, drohen, dreißig, Drillich und Drilch, Drogue, Drohne, Drommete, Düne, durchgehends, dürsten, die dürrsten Zweige, Dutzend, buzen, Duzbruder, Dynamit, Dysenterie.

Echt, Ecke, die Egge steht in der Ecke, Eichamt, ein Maß **5.** eichen, die Eichen, Eidechse, eigens, eigentlich, Eigentum, eigentümlich, einhellig, ekelig und eklig, Elefant, Elektricität, Elentier, Eleve, elf, Elfenbein, Ellbogen und Ellenbogen, Ellipse, Eloge, Eltern, Elysium, Email, emancipieren und emanzipieren, Emballage, Embleme, empfangen, empfehlen, du empfiehlst, er empfiehlt, empfinden, Emphase, emsig, Encyklopädie, endgültig, Engagement, engagieren, Entgelt, entgelten, Enthusiasmus, Entree, entzwei, Enveloppe, Epaulett, Epheu, Episkopat, Epitaphium, Epitheton, Eppich, Equipage, equipieren, erbosen und erboßen, Ereignis, ergötzen und ergetzen, Erkenntnis, erklären, erkoren, Ernte, erst, fürs erste, zum ersten, erwägen, erwähnen, erwidern, Eskadron, Eskorte, Espe, essen, du issest und du ißt, er aß, Essig, Essenz, Estrich, Etablissement, Etage, Ethik, Ethnographie, Etikette, Etui, Etymologie, Excellenz, Exempel, Exil, Existenz, Expedition, Exposé, expreß, Extravaganz, Extrem.

Fabrik, Fabrikant, fabrizieren und fabricieren, Façade und **6.** Fassade, Façon, fähig, ein fahles Licht, der Pfahl, Fähnrich und Fähndrich, Fährte, fallieren, Falz, falzen, Farnkraut, Färse (junge Kuh), in die Ferse stechen, Fasan, das Faß, die Fässer, er faßt, fast, Fastnacht, Fauteuil, Fee, die Fehde der Ritter, er ist mir

feind, die Felgen am Rade, Femgericht, Ferge, Feuilleton, die
Fibel, die Fiber (Fleischfaser), das Fieber, er fiel, viel Freude, auf
weichem Pfühl, Finsternis, Firnis, die First am Dache, der Fürst,
Fittich, Firstern, Flacon, Flachs, Flaum, die Pflaume, Flechse (Sehne),
flehentlich bitten, flektieren, Flexion, Flieder, Vögel fliegen, Bauern
pflügen, das Floß, Flöz, Flözgebirge, der Flug des Vogels, des
Sängers Fluch, der Pflug, die Pflugschar, flugs, Flut, Fohlen
und Füllen, der Föhn, Föhre, folgendermaßen, im folgenden, Fond
(Hintergrund), Fonds (Geldvorrat), Fontäne und Fontaine, fordern,
fördern, das Fort, fort von hier, fortan, die Pforte, forteilen, mit
großen Vorteilen, Fourage, Fourier und Furier, Franje, Friedhof,
Friedrichsdor, der Fries, die Frieseln, Frikassee, Friseur, frisieren,
Frisur, Frondienst, Fronleichnam, fronen, frönen, die Front, Fuchs,
der Fund, das Pfund, funfzehn und fünfzehn, funfzig und fünfzig,
Funktion, fürlieb und vorlieb, die Furt, für mich, vier Elemente,
Fürwitz und Vorwitz, Füsilier, Fußstapfe und Fußtapfe, Futteral.

7. Gage, Galeere, Galerie und Gallerie, Galopp, galoppieren,
Galosche und Kalosche, Gamasche und Kamasche, gäng und gäbe,
die Gans, ganz, im ganzen, das Fleisch ist gar, gar große Ver=
dienste, Garküche, gären, verjähren, die Schuld ist verjährt, das
Gas, die Gase; die Gasse, Gastmahl, die Gaze, Gebärde, gebet
her, das Gebet des Herrn, nach Gebühr, gefährden, Gefährte, dem
König gefiel das Lied, das Gefühl, geflissentlich, Geflüster, Gehilfe
und Gehülfe, die Geiß, der Geisel (Bürge), die Geißel (Peitsche),
Gelee, geleert, gelehrt, gelegentlich, Geleise und Gleis, Gemahl,
Gemahlin, Gemeine und Gemeinde, Gemüt, gemütlich, gen Himmel,
Gendarm, die Gendarmen, Genre, Gentleman, Geographie, geo=
graphisch, gerade, geradeswegs, das Gerät, es gerät, aufs Gerate=
wohl, das jüngste Gericht, ein dunkles Gerücht, gesamt, Gesamt=
heit, Gesandter, Gesandtschaft, Geschäft, gescheit und gescheid, das
Gesinde, gut gesinnte Männer, der Gespan (Gefährte), das Ge=
spann, Gespenst, Gespinst, die Geste, gestikulieren, Getreide, wir
werden gewahr, die Gewähr, das Gewehr, gewähren, das Gewand,
gewandt im Reden, Gewandtheit, Geweih, Gewinn, Gewinst, gieb
und gib, du giebst, er giebt und er gibt, ich ging und ich gieng,
Gips, Giraffe, Glacis gleich und gleich, meinesgleichen, gleicher=
maßen, gleichwohl, gleichgültig und gleichgiltig, Gleisner, glei=
nerisch, gleißen (glänzen), glühen, Glut, der Gote, gotisch, Gou=

verneur, Gouvernante, der Gram, das Granum, gräßlich, Grat, ein
Felsgrat, das Rückgrat, grau, gräulich, Greuel, greulich, gräulich
an Farbe, greuliche Gedanken, Grenze, der Grieß, Griesgram, Grimasse, groß und klein, größtenteils, der größte Dichter, Großmut,
großmütig, grotesk, Grummet und Grumt, Guillotine, Guirlande,
Guitarre, gültig und giltig, Günther, Gustav, zu gute kommen,
gutheißen, Gymnasium, Gymnastik.

Haar, Härchen, der Hacken (am Fuß), der Haken, Häckerling, 8.
Häcksel, Hafer und Haber, das Haff, der Hag, Hai, Haifisch, der
Hain, Freund Hein, hantieren, Hantierung, Harpyie, hartnäckig,
Hase, Häschen, Haß, häßlich, du hassest und du haßt, die Hast, du
hast, zu Häupten, haushalten, er hält haus, Hausrat, Hausgerät,
die Hausse, das Heer, der König hoch und hehr, Röslein auf der
Heiden, lehret alle Heiden, Heimat, Heirat, heißen, heizen, Hektor,
der Held, er hält, Hellebarde und Hellebarte, Hellebardier, Hemisphäre, Hemmnis, Herauch, Herd, Herde, Hering und Häring, Hermann, Herold, Herr, herrlich, herrschen, Herrschaft, Herzog, heutzutage, Hexe, ägyptische Hieroglyphen, Hifthorn, Hilfe und Hülfe
Himbeere, eine Hindin (Hirschkuh), die Hündin, Hoboe und Oboe,
Hoboist, hoch und niedrig, Hochmut, hochmütig, Hoffart, hoffärtig,
hoffentlich, Höhe, Hoheit, hohl, höhlen, Höhle, holen, der Höcker
(Buckel), Höker, Hökerin, Holunder, Homöopath, honett, Hornis
und Hornisse, Hotel, Hüne, Hünengrab, Hürde, hurra! der Hut,
sei auf deiner Hut, Hyacinthe und Hyazinthe, Hyäne, Hymne,
Hypotenuse, Hypothese.

Idee, die Ideen, die Iden des März, das Idyll, die Idylle, 9.
Igel, ignorieren, Imbiß, indes, indessen, infizieren und inficieren,
insbesondere, insonderheit, Insekt, insgesamt, inspizieren und inspicieren, Interesse, interessant, intrigant, der Intrigant, Intrigue,
intriguieren, Irland, irren, Irrtum, irrtümlich, Isegrim, Islam,
Israelit, er ist (von sein), er ißt (von essen), Isthmus, Italiener,
italienisch.

Jacht, Jagd, jäh und gäh, jählings, jahrelang, das Jahr- 10.
zehnt, jahraus, jahrein, Jalousie, Jargon, jedermann, jederzeit,
jedesmal. Jockey, Journal, Jubiläum, jung und alt, jüngst, du
jüngst, Jury, Juwel, Juwelier.

11. Kabinett und Cabinet, Kabriolett, Kadett, Kaffee, Käfig, Kaiser, Kajüte und Kajütte, Kalfaktor und Calefactor, Kalkul, kalkulieren, Kalligraphie, die Kamee, das Kamel, Kamelott, der Kamerad, das Kammrad, Kampfer, Kanapee, die Kante, er kannte, er erkannte, Kapellan und Kaplan, Kapitän, Kapuze, Kapuziener, Karbätsche (Wollkamm), Kartätsche (Geschoß), Karfreitag, Karwoche, Karneval, Karosse und Karrosse, Kartause, Kartäuser, Karussell, Karzer und Carcer, Kasino, Kaspar, Katarakt, Katarrh, Katastrophe, Katharina, Käthchen, der Katheder, die Kathete, Katholik, katholisch, Kauffahrteischiff, Kehricht, Kenntnis, kenntlich, Kien, Kienholz, Kilogramm, Kilometer, Kirmeß und Kirmes, Klavier, Klecks, klecksen, Klee, von klein auf, Kleinod, Klima, Klops, Kloß, Knäuel, Knicks, knicksen, das Knie, die Knie, knieen und knien, Knospe, Kofen und Koben, Kollett, Koloß, kolossal, Komet, Komitee und Comité, Kommißbrot, Kompaß, Komtur, Königin, Kontrolle, kontrollieren, konzentrisch und concentrisch, Konzert und Concert, Konzession und Concession, Konzil und Concil, Koryphäe, der Kothurn, der Kran, Kranich, Krebs, Krepp, Kreuz, kriechen, kriegen, Krokodil, Kruzifix und Crucifix, Krystall und Kristall, Kuckuck, Kultus und Cultus, Kurfürst, Kuratel, Kürbis, küren, Kürturnen, Kurrende, Kurrentschrift, vor kurzem, über kurz oder lang, den kürzeren ziehen, die Küste des Meeres, die Kiste mit Linnen, er küßte, der Kux.

12. Labyrinth, Lachs, ein Laib Brot, Leib und Leben wagen, Laich, laichen, Leiche, Leichnam, der Laie, Lakai, Landsknecht, längs des Gartens, es ist schon längst geschehen, du senkst, Langeweile und Langweile, die Lärche blüht, die Lerche singt, Larve, laß, lässig, laß los, er las, Lava, Lavendel, lavieren, Lawine, Lazarett, bei Lebzeiten, leer, die Becher leeren, lehren, leid sein, leid thun, leidig, leiblich, Leihkauf, lesen, du liesest und du liest, lies die heilige Schrift, er ließ mich allein, am letzten, leugnen, Leumund, verleumden, leutselig, Levante, Levkoje und Levkoie, Lid, Augenlid, Lied, Liederbuch, Lieutenant und Leutnant, Lindwurm, Liqueur und Likör, Liter, Lithographie, Livree, Logarithmus, die Loge, Logis, logieren, die Lohe, lichterloh brennen, Lorbeer und Lorber, Lorgnette, das große Los, losen, los, lösen, Lot, löten, Lothar, Lothringen, Lotse, Lotterie, Louisdor, loyal, Luchs, Luise, lynchen, Lyra, Lyrik, lyrisch.

Macht, er macht Fortschritte, Magd, die Mahd, Mähder und 13. Mäher, Mahl, Mahlzeit, Gastmahl, Mahlschatz, das Mal (Zeichen), Merkmal, einmal, auf einmal, ein für allemal, jedesmal, das erste Mal, Mähre, Mai, Maib, Main, Mainz, türkischer Mais, Maler malen, Müller mahlen, maliziös, Malve, Malz, Mameluck, Mammut, man kommt, ein Mann, manchmal, die Manen, mannigfaltig, Manöver, manövrieren, Manschette, Mär, Märe, Märchen, Margarete, Marodeur, marodieren, Maroquin, Marquis, Marquise, Martje (leinenes Sonnenbad)), Martha, Märtyrer, März, Maschine, das Maß, er maß, mit Maßen, über alle Maßen, dermaßen, gewissermaßen, bekanntermaßen, die Masse, Mathematik, Mathilde, Matratze, die Maut, Medizin und Medicin, Meer, Meerrettich, keiner mehr, mehrmals, Mehl, Mehltau, meinetwegen, Melancholie, Memoiren, Met, Metapher, metaphorisch, Meter, Methode. mit kummervoller Miene, eine Mine legen, Miete, vermieten, Militär, Pfefferminze, die Münze, Misanthrop, Missethat, mittags, des Mittags, mittels und mittelst, mitternachts, Mittfasten, Mittwoch, Möbel, möblieren, der Mohr, das Moor, motieren, Moos, bemoost, morgens, des Morgens, Moritz, Moschee, moussieren, das Mus, er muß, Muß ist eine harte Nuß, die Muße, müßig, müssen, dies Buch kann ich nicht missen, vermissen, Mut, mutig, Mutwille, mutmaßen, Myrrhe, Myrte, Mythe, Mythologie.

Nachbar, die Nachbarn, nachmittags, des Nachmittags, Nachen, 14. Nacken, Nachteil, nachteilig, Nachtigall, nachts, des Nachts, nähen, Naht, Nähterin, nähren, sich nähern, naiv, Naivität und Naivetät, Name, namens, namentlich, nämlich, Naphtha, Narcisse und Narzisse, naseweis, Necessaire, Negligé, Negociant und Negoziant, die frische Nehrung, Nerv, nervig, nervös, aufs neue, von neuem, Niednagel, niesen, Nieswurz, Nießbrauch, die Niete, nieten, Niveau, nivellieren, Nix, Nixe, Not, Nottaufe, not sein, not thun, nötig, nötigenfalls, notwendig, zu nutze machen, Nymphe.

Obst, Ocean und Ozean, Ochs und Ochse, Octroi, octroyieren, 15. der Odem, Offiziant und Officiant, offiziell und officiell, Offizier und Officier, Offizin und Officin, offiziös und officiös, Ohm und Oheim, das Ohm, ohnweise, ohnedies, Ohr, Nadelöhr, Ökonom, O!, Orchester, ordentlich, ordinär, das Organ, der Orkan, orthodox, Orthographie, die Öse, Ouverture, das Oxhoft, oxydieren.

16. Paar, Pärchen, paarweise, ein paarmal, ein paar (einige) Bücher, ein Paar Schuhe, Papa, Pair, das Paket, Palais, Palast, Paletot, Palissade und Pallisade, Pamphlet, Panier, Panther, Papst, Paradies, parallel, Parenthese, Parfum, parfumieren, Parkett, Paroxysmus, Partei, parteiisch, Partie, Pate, Taufpate, Pathos, pathetisch, Patriot, Patriotismus, Patrouille, Peripherie, Perpendikel, Perücke, Petschaft, der Pfahl, er befahl, die Pfalz Karls des Großen, das Pfand, pfänden, er fand, Pfeil, Pfeiler, ein feiler Mensch, Pfennig, Pferd, Pfingsten, Pfirsich, Pflaume, Pflicht, der Gärtner flicht Kränze, Pflug, Pflugschar, Pfründe, der Pfuhl, das Phül, Pfund, Phantasie, Philanthrop, Philipp, Philosoph, philosophieren, Phiole, Phlegma, phlegmatisch, Phosphor, Photographie, Phrase, Physik, Physiognomie, das Piedestal, Pike, pirschen und birschen, das und der Plaid, Plakat, Plateau, plätten, Plätteisen, Pöbel, polieren, Polyp, Polytechnikum, Pomeranze, Pony, das Portemonnaie, das Portepee, Portier, Porträt und Portrait, die Porträte und die Portraits, Porzellan, Postillon und Postillion, praktisch, Praxis, Pranke und Branke, Preis, preisen, preisgeben, Preißelbeere und Preiselbeere, Princip und Prinzip, Prinzipal, Prise, Pritsche und Britsche, Profoß und Profos, promenieren, Prophet, prophezeien, Prophezeiung, Propst, Proselyt, Prozent und Procent, Prozeß und Proceß, Prozession und Procession, pseudonym, Psychologie, Publikum, Puls, pulsieren, Punkt, punktieren, Putz, Pyramide.

17. Quadrille, Quadrupel, der Quai und der Kai, Qual, quälen, qualifizieren und qualificieren, Quarantäne, Quartier, einquartieren, quer, querfeldein, quitt, Quittung, quittieren.

18. Rabatt, Rädelsführer, das Rad, der Rat, Rathaus, Stadtrat, rachsüchtig, rächen, der Rachen, Radieschen, Raffinement, raffiniert, Ragout, die Rahe, der Rahm, der Rain (Ackergrenze), der Rhein, das Blatt ist rein, Rakete, Raps und Reps, räsonnieren, die Rasse, die Rate, ratenweise, die Ratte, Rätsel, rätlich, rauh, Rauheit, sich räuspern, Rebell, rebellieren, Rebhuhn, Recensent und Rezensent, Rechenbuch, Rechenstunde, rechnen, eine Rede Ciceros, das Schiff liegt auf der Reede (Rhede), die Röte der Wangen, der Reeder, reell, real, reflektieren, Reflexion, Refrain, regieren, Regierung, Regierungsrat, Regisseur, Reglement, regnicht, regnerisch, Rehziemer, Reigen und Reihen, im reinen sein, das Reis, ein Reisbündel, der indische Reis, du reist, er reist, du reißt, er reißt, Reiß-

brett, Reißzeug, Reißfeder, Reislauf, ein Reisläufer, reklamieren, Relais, das Relief, Renette und Reinette, das Renntier, der Rentier, Ressort, Ressource, Rettich und Rettig, Reuse, Fischreuse, reuten, ausreuten, Revanche, Reveille, Revenue, Revue, Rezept und Recept, Rhabarber, Rhetorik, rhetorisch, Rheumatismus, Rhinoceros, Rhythmus, Ried (Schilfrohr), das Riedgras, die erste Riege, eine scharfe Rüge, ein Ries Papier, rikoschettieren, Rogen, Fischrogen, Rocken am Spinnrade, der Roggen auf dem Felde, roh, Roheit, rot, Rotstift, die Röteln, Rouleau, die Rouleaux, Route, Marschroute, Routine, Royalist, Rückgrat, Rudolf, Ruhm, rühmen, rühmlich, rühren, Rum, Russe, Rußland, der Ruß, die Rute, die Angelrute, er ruhte nicht.

Saal, die Säle, Saat, säen, sehen, Sabbath und Sabbat, die Saiten der Violine, die rechte Seite, meinerseits, deinerseits, seitens, Same, Sammlung, sammeln, Sammet und Samt, Samstag, samt, sämtlich, der Sang, er sang in vollen Tönen, sie sank zur Erde, Saphir, die Satire, der Satyr, säubern, säuberlich, Sauce, Säule, Scene, Scepter und Zepter, Schächer, Schaden thun, es ist schade, Schaf, Schafott, schal, die Schale, es schallt, Schalotte, (Zwiebelart), Schaluppe, Scham, schamhaft, sich schämen, ein Schemen, Schanze, Schar, Heerscharen, scharenweise, Scharbock (Skorbut), Scharwache, Schatulle, scheel, scheelsüchtig, die Schelle, Schemel, Schere, scheren, Schiene, Schienbein, Schierling, Schiffahrt, der Schlächter, ein schlechter Scherz, der Schlaf, schlaff, das Schloß, die Schlösser, die Schloße, die Schloßen, Schlot, Schlotfeger, schluchzen, schmähen, schmählich, schmal, schmälern, Schmaus, der Schmied, Schnee, es schneit, Schokolade und Chokolade, der Schoner, Schoß, die Schöße, Schoß, des Schosses, Schößling, Schuh, Schuhmacher, er ist schuld daran, gieb mir nicht schuld, Schultheiß, Schulze, Schwäher, Schwager, schwären, Eide schwören, schwelen, Teerschwelerei, schwer, schwermütig, Schwert, Schwibbogen, Schwiele, schwielig, Schwüle, schwül, sechs, sechster, Sechstel, sechzehn, sechzig, See, die Seen, Seele, Segen, segnen, Sehne, sei genügsam, seither, seit damals, Sekretär, Sekt, Sekte, selbständig, selig, Sergeant, der Servis, das Service, seufzen, Seufzer, Schawl, Sibylle, ein siecher Leib, der Sieger, Silbe, Silhouette, der und das Sims, Singrün (Immergrün), Sirene, Sittich (Papagei), sittig, sittlich, Skelett, Skizze, Sklave, Skrofel, skrofulös, Skrupel, skrupulös, social und

19.

sozial, das Sofa, **Sohle, Fußsohle, Thalsohle, Sole,** Solwasser, Sonett, Sophist, Souffleur, soufflieren, Souverän, Souveränität, er späht, es ist schon spät, Spaß, spaßen, Spatz, spazieren, Spaziergang, speciell und speziell, Spediteur, spedieren, Sperr, Spezerei und Specerei, Sphäre, Sphinx, spitzfindig, Spleen, Sprichwort, spritzen, Spritze, spucken (sp:ien), spuken, es spukt, Spule, Staat, staatlich, stattlich, Staatsrat, Stadt, der Stahl, der Dieb stahl, der Diebstahl, das Eisen stählen, du sollst nicht stehlen, Staket, standhalten, zustande kommen, imstande sein, instand setzen, Star, (der Vogel und die Krankheit), starblind, stark, die Stärke, die Sterke (Kuh), stätig und stetig, stätisch, stattfinden, statthaben, zu statten kommen, von statten gehen, Stegreif, steinig, steinicht, Stengel, stets, Stieglitz, der Stiel einer Blume, der deutsche Stil, der Stör, stracks, Strahl, Strapaze, Straße, der Vogel Strauß, Strauß (von Blumen), Strauß (Kampf), streng, die Strenge, über die Stränge schlagen, strittig, streitig, Stroh, Strohhut, stromab, stromauf, stromweise, Strophe, studieren, Stuhl, Stute, Styx, Sündflut und Sintflut, suspendieren, Sybarit, Symbol, Symmetrie, symmetrisch, Symphonie, Symptom, Synagoge, Syndikus, Synode, Syntax, System, systematisch.

20. Tabak, Taffet und Tafft, Taille, Takt, Taktik, Talg, Talk (Mineral), Tambour, das Tau, Tauende, der Tau, tauen, es taut, tauchen, taugen, Taugenichts, täuschen, Taxe, Teer, das Tedeum, auf dem Teich fahren, den Teig kneten, Teil, Anteil, teilnehmen, Teilnahme, teils, einesteils, großenteils, der Teint, Telegraph, Telephon, Teleskop, Tendenz, Teppich, Terrain, Terrine, Terzett, teuer, Teurung, Thal, Thaler, thalwärts, That, Großthat, thätig, bethätigen, thätlich, Theater, Thee, Thema, Themata, Theobald, Theodor, Theologie, Theorie, theoretisch, das (und der) Thermometer, These, ein Bild von Thon, Thonerde, ein dumpfer Ton, das Thor, die Thore, der Thor, die Thoren, thöricht, bethören, Thran, Thräne, Thron, thun, du thust, er thut, Thunfisch, Thüre und Thür, Thüringen, Thymian, Tiegel, Tier, tierisch, Tiger, Tinte, Tirailleur, Titel, titulieren, Toast, toasten, Tod, Todesangst, Todsünde, todkrank, todmüde, löblich, tobbringend, tot, der Tote, töten, totenbleich, totenstille, Totenbett, Totengräber, Totschlag, tot schlagen, Toilette, Tour, Tourist, Tribüne, den Trieben folgen, das Wasser trüben, die Trift, nicht jede Kugel trifft, triftige Gründe, Triumph, triumphieren,

Trophäe, der Troß, Troßknecht, Trottoir, Trotz, trotzig, trotzdem, Troubadour, Truchseß, trügen, Truhe, Trumpf, Tschako und Czako, Tunnel, Turm, turnen, Turnier, Tüte, Tüttel, ein Tüttelchen, Typhus, Typus, Type, typisch, Tyrann.

Überhandnehmen, überschwenglich,, im übrigen, die Uhr, der 21. Ur (Auerochs), Ulan, Unbedeutendheit, unentgeltlich, ungebärdig, ungefähr, von ungefähr, ungestüm, Ungetüm, unkeugbar, unparteiisch, Unrat, unrätlich, unreblich, unselig, unstät, unterdes, unterdessen, unterthan, unterwegs, unverhohlen, unversehens, unversehrt, unwert, unwiderstehlich, unwiderbringlich, unwirtlich, unwissentlich, Urahn, urbar, Urfehde, Urkunde, Urteil, urteilen.

Vagabund, Vampir, Vanille, variieren, Basall, Base, Verband, 22. der Arzt verband die Verwundeten, die Athener haben viele ihrer Mitbürger verbannt, verfemen, vergeuden, verheeren, verjähren, verleugnen, verleumden, das Verließ und das Verlies, er verließ das Vaterland, vermählen, vermieten, vermuten, Verrat, Verräter, verraten, er verrät, die Mündung des Flusses ist versandet, es wurden viele Waren versandt, der Versand, verteidigen, verteilen, verwahren, verwahrlosen, verwaist, verwandt, Verwandtschaft, verweisen, der Verweis, verwitwet, Vesper, Vetter, vier, Viertel, vierteilen, vierzehn, vierzig, Vignette, Violine, Violoncell, Viper, Visier, das goldne Vließ (und Vlies), Vogt, vollends, völlig, von nöten sein, vorderhand, vorlieb und fürlieb, vornehmlich, Vorrat, vorrätig, Vorteil, vorteilhaft, Vorwitz und Fürwitz, Vulkan.

Wacholder, Wachs, Wachstum, die Wage, der Wagen, Waggon, 23. Wagnis, Wahl, wählen, Wahlplatz, Wahn, währen, Wahnsinn, das ist nicht wahr, es war einmal ein König, Wahrheit, wahren, bewahren, während, Wahrnehmung, Wahrzeichen, wahrsagen, Wahrspruch, Währung (Münzfuß), der Waid (Färbepflanze), eine Waise, Waisenhaus, weise, der Weise, auf diese Weise, der Wald, Walfisch, der Wall der Festung, Walküre, Wallfahrt, Walnuß, Walrat, Walroß, Walstatt, Walther und Walter, Wams, Ware, die Waren, Wehmut, das Wehr, die Weichsel, Weide (Baum und Futterplatz die und der Weihe, der Weiher, Weihnachten, Weisheit, weiß, weißlich, weißen, weismachen, weissagen, Weissager, weitläufig und weitläuftig, Weizen, Wels, welsch, Welschland, wer, wes, wessen, das Werg, das Werk, Wergeld, Wermut, der Wert, wert, der Krieg währt schon lange, Werwolf, weshalb, weswegen, Wespe, Westfalen, westfälisch, wider, wer nicht für mich ist, der ist wider mich, anwidern, widerlich, widerrechtlich, Widersacher, widerspenstig, Widerspruch, widerstehen, widerwärtig, widerwillig, Wiedehopf, wieder, schon wieder, wiederbringen, Wiedergeburt, Wiederhall, wiederholen, wiederkäuen, wiederkehren, Wiederkunft, wiedersehen, Wiedertäufer, Wiedervergeltung, wiehern, Wildbret, willens sein, Willkür, willkürlich, winkelig, und winklig, Wirrsal, Wirrwarr, der Wirt wird gerufen, Wirtschaft, wissentlich, Wißbegier, Wittum, Witwe, Witwer, Wohl, Wohlthat, Wohlfahrt, wohlgemut, Wüste, er wüßte, Wut, wüten, Wüterich.

24. Zäh, zähe, Zäheit, Zahn, Zähre, der Zar, die Zehen, zehn, zehren, Zehrpfennig, Zeichenbuch, Zeichenlehrer, Zeichenstunde, Zeitläufe und Zeitläufte, zeitlebens, zeitweise, Zenith, Zephyr, Zeugnis, Zieche (Überzug), die Ziege, Ziemer, Zierat, Ziffer, Zimmet und Zimt, Zirkel, Zither und Cither, Zofe, Zone, Zoologie, Zuave, Zuber und Zober, der Zuname, die Zunahme, zusehends, zuwider, Zwerchfell, der Zwerg, Zwetsche und Zwetschge, Zwillich und Zwilch, zwölf.

3) Über den Gebrauch einiger Konsonanten.

1) Ueber k und ck.

25. k steht in der Mitte und am Ende eines Wortes nach einem Konsonanten, einem langen Vokal oder Diphthongen; ck steht nur nach einem kurzen Vokal.

Dank, Werk; Haken, erschraken, schäkern, quäken, Ekel, eklig, lösen, Höker (Kleinhändler), Spuk, sie buken; Pauke, Schaukel, Gaukler.
Backe, Becken, blicken, stocken, die Stöcke, Buckel, Krücke; Pack, keck, Genick, Druck, Glück.

2) Ueber ss und ß.

26. ss steht nur im Inlaut und zwar nach einem kurzen Vokal; ß steht nach einem langen Vokal oder Diphthongen, jedoch am Ende von Wörtern und Silben, so wie vor einem t, auch nach kurzem Vokal. Aber in der Endung nis steht s.

lassen, Nässe, essen, wissen, Drossel, Rosse, Russe, müssen; Maß, des Maßes, Gefäß, des Gefäßes, fließen, Stoß, des Stoßes, die Stöße, Fuß, des Fußes, die Füße; Strauß, des Straußes, die Sträuße, Fleiß, fleißig, Preuße.

Haß, aber des Hasses, häß=lich, wiß=begierig, Schloß, aber des
Schlosses, Schuß, aber des Schusses; ich muß, er ißt, ihr
wißt, ihr müßt, ich mußte, ich wußte.
Bekenntnis, Hindernis, Verzeichnis.

3) Ueber z und tz.

tz steht nur nach einem kurzen Vokal, in allen übrigen Fällen 27.
steht z.
Satz, Satzung, Netz, setzen, Blitz, Spitze, Trotz, trotzen, Putz,
Nutzen, Geschwätz, schätzen, ergötzen, stützen,
flözen, Geiz, Reiz, Schweiz, beizen, heizen, reizen, Kauz,
Kreuz, Holz, Kranz, stürzen.

3) Silbentrennung.
a. Einfache Wörter.

Steht ein Konsonant zwischen zwei Vokalen, so tritt er 28.
zur zweiten Silbe, z. B. Va=ter, ge=hen. Dies gilt auch von den
Doppelkonsonanten x und z, z. B. He=xe, rei=zen.

Stehen zwei Konsonanten zwischen zwei Vokalen, so tritt
der erste Konsonant zur ersten Silbe, der zweite zur zweiten,
z. B. Mut=ter, An=ker, Las=ten, auch Las=ten, krat=zen, rit=zen,
Was=ser, auch Was=ser, Knos=pe, auch Knos=pe. ck wird in kk
aufgelöst, hak=ken.

Die zusammengesetzten Laute ch, sch, ph und th, sowie dt
werden bei der Trennung als einfache angesehen z. B. Spra=che,
Men=schen, So=phie, Ma=thilde, Stä=dte, Ver=wan=dte.

Ferner wird pf als einfacher Laut angesehen und zur zweiten
Silbe gezogen, wenn ein Konsonant vorangeht, z. B. em=pfinden,
Kar=pfen; aber tap=fer, Tropf sen.

Stehen drei Konsonanten, von denen keiner zu den als
einfach angesehenen Lauten gehört, zwischen zwei Vokalen, so wird
allein der dritte zur zweiten Silbe gezogen, z. B. hung=rig, kann=te,
Verwand=lung.

b. Zusammengesetzte Wörter.

Zusammengesetzte Wörter werden nach den Bestandteilen
ihrer Zusammensetzung getrennt, z. B. Erd=beben, ver=ab=reden
(von ver, ab und reden), hin=auf, her=ein, war=um, wor=aus,
voll=enden (von voll und enden), Be=ob=achtung (von be, ob und
achten), Erb=lasser (von Erbe und lassen), er=blassen (von er und
blaß), Berg=kräuter.

4) Über die Anfangsbuchstaben.

Mit großem Anfangsbuchstaben schreibt man:
1) das erste Wort eines Abschnittes (in Gedichten gewöhnlich 29.
auch das erste Wort einer Verszeile);

2) das erste Wort nach einem Punkt;

3) das erste Wort nach einem Frage= und Ausrufungszeichen, außer wenn mit der Frage oder dem Ausruf der Satz noch nicht beendet ist (z. B. „Was schaffst du?" redet der Graf ihn an. — Gottlob! rief Kind und Mutter laut, Willkommen! manche frohe Braut);

4) das erste Wort einer direkten Rede nach einem Kolon, z. B. Doch Konrad sprach: Ein Kaiserwort soll man nicht drehn und deuteln;

5) alle wirklichen Substantiva;

6) alle substantivisch gebrauchten Wörter, z. B. Das sind die **Weisen**, die durch Irrtum zur Wahrheit reisen. Jedem das **Seine**. Vergiß dein **Ich**, dein **Selbst** verliere nie. **Lesen** und **Schreiben**. Der Mann, der das **Wenn** und das **Aber** erdacht, hat sicher aus Häckerling Gold schon gemacht. Das **Abc**.

Auch die Adjectiva in Verbindung mit **etwas, viel, nichts** und ähnlichen Wörtern, z. B. nichts Gutes, viel Schlechtes, etwas Neues.

7) die Adjectiva und Ordnungszahlen, welche mit dem Artikel hinter einem Eigennamen stehen, z. B. Friedrich der Große, Friedrich der Zweite.

8) die Adjectiva und Pronomina in Titeln, z. B. Se. Majestät, Ew. Majestät, die Königliche Regierung; ferner die Pronomina, welche sich auf die angeredete Person beziehen, namentlich in Briefen.

9) die von Personennamen abgeleiteten Adjectiva und die von Ortsnamen abgeleiteten Wörter auf **er**, z. B. Die Grimmschen Märchen, der Kölner Dom, Nürnberger Bier.

Alle andern Wörter werden mit **kleinem Anfangs= buchstaben** geschrieben; so insbesondere:

1) Substantiva, wenn sie die Bedeutung anderer Wort= arten annehmen und verwendet sind

a. als **Präpositionen**: angesichts, behufs, kraft, laut, mittels, seitens, statt, trotz, um — willen, von — wegen, infolge, zufolge;

b. als **Konjunktion**: falls;

c. als **unbestimmte Zahlwörter**: ein bißchen, ein paar;

d. als **Adverbia**: anfangs, flugs, rings, dermaßen, teils, einesteils, anderenteils, meinerseits, morgens, abends, vormittags (aber des Morgens, des Abends, u. s. w., Sonntags, Montags u. s. w.); überhaupt, unterwegs, heutzutage, beizeiten, bisweilen, einmal, bergauf, kopfüber;

e. in **manchen Verbindungen**: leid thun, weh thun; schuld, gram, feind sein; mir ist angst, wohl, wehe, not; das ist schade, ich bin willens; statt finden, statt haben, wahr nehmen, teil nehmen, überhand nehmen, haus halten, acht geben, preisgeben, zu statten kommen, in stand (und instand) setzen, zu stande (und zustande) kommen, brach liegen; er hält haus, er nimmt teil, es wird mir zu teil. — Aber: er hat keinen Teil an mir, er findet eine gute Statt, er thut sich ein Leid an.

2) Die von **Personennamen** abgeleiteten **Adjectiva**, welche generelle Bedeutung haben z. B. die lutherische Kirche, homerisches Gelächter. Auch die von Orts= und Volksnamen abgeleiteten Adjectiva z. B. römisch, preußisch.

3) Alle **Pronomina** und **Zahlwörter** (vgl. aber § 29, 7 und 8); man, jemand, niemand, jeder, keiner, einer, der eine, der andere; etliche, einige, einzelne, manche, viele, alle, etwas, nichts, beide, drei; ebenso: die (alle) anderen, das (alles) andere, die (alle) übrigen, das (alles) übrige, das meiste, der (das) nämliche, der erste, letzte, der nächste (erste) beste, ein jeglicher.

4) **Adjectiva** und **Adverbia** in **Verbindungen**, wie groß und klein, arm und reich, alt und jung, durch dick und dünn; am besten, fürs erste, zum letzten, des weiteren, des kürzeren, aufs deutlichste, im allgemeinen, im ganzen, im folgenden, im wesentlichen, von neuem, vor kurzem, bei weitem, im voraus, von vorne, ohne weiteres, um ein beträchtliches. Ebenso in Redensarten, wie den kürzeren ziehen, zu gute halten (kommen), zum besten haben.

II. Aus der Formenlehre.

1) Die Redeteile.

1) Der Artikel oder das Geschlechtswort. 30.
2) Das Substantivum oder Hauptwort.
3) Das Adjectivum oder Eigenschaftswort.
4) Das Pronomen oder Fürwort.
5) Das Numerale oder Zahlwort.
6) Das Verbum oder Zeitwort.
7) Das Adverbium oder Umstandswort.
8) Die Präposition oder das Verhältniswort.
9) Die Konjunktion oder das Bindewort.
10) Die Interjektion oder das Empfindungswort.

Die Redeteile sind Wortklassen, welche den ganzen Sprachschatz umfassen und eine Übersicht über ihn gewähren. Von ihnen sind sechs **veränderlich** oder **flektierbar: Artikel, Substantivum, Adjectivum, Pronomen, Numerale, Verbum,** vier **unveränderlich** oder **nicht flektierbar: Adverbium, Präposition, Konjunktion, Interjektion.**

2) Der Artikel.

Bestimmter Artikel.

31.

		Masculinum.	Femininum.	Neutrum.
Singularis.	Nominativ.	der	die	das
	Genetiv.	des	der	des
	Dativ.	dem	der	dem
	Akkusativ.	den	die	das

		Masculinum. Femininum. Neutrum.
Pluralis.	Nominativ.	die
	Genetiv.	der
	Dativ.	den
	Akkusativ.	die

Unbestimmter Artikel.

		Masculinum.	Femininum.	Neutrum.
Singularis.	Nominativ.	ein	eine	ein
	Genetiv.	eines	einer	eines
	Dativ.	einem	einer	einem
	Akkusativ.	einen	eine	ein
Pluralis	fehlt.			

32. Der bestimmte Artikel ist ursprünglich ein hinweisendes Fürwort, zu einem solchen kann er durch starke Betonung wieder erhoben werden; z. B. Der ist besorgt und aufgehoben. Der muß es sein, den hab' ich mir erlesen. In diesem Falle lautet der Genetiv des Singularis dessen, deren, dessen, der Genetiv des Pluralis derer und der Dativ des Pluralis denen; z B. dessen bedarf es nicht.

Der unbestimmte Artikel ist das im Ton abgeschwächte Zahlwort. Vergleiche: Es kam ein Bote. Ein Mann hat uns gerettet. [Vergleiche auch das französische un und le mit unus und ille.]

3) Das Substantiv.

33. Einteilung der Substantiva.

Die Substantiva sind entweder Concreta oder Abstracta. Concreta sind Substantiva, welche Personen, Tiere oder Sachen bezeichnen, z. B. Ritter, Pferd, Schwert.

Da Personen, Tiere und Sachen etwas Selbständiges, für sich Bestehendes sind, so können wir im allgemeinen sagen: Concreta sind Substantiva, welche etwas Selbständiges bezeichnen.

34. Abstracta sind Substantiva, welche Eigenschaften, Handlungen und Zustände bezeichnen, z. B. Tapferkeit, Unterricht, Friede.

Da Eigenschaften, Handlungen und Zustände nichts Selbständiges sind, sondern nur an anderen Dingen wahrgenommen und nur als etwas Selbständiges gedacht werden, so können wir im allgemeinen sagen: **Abstracta sind Substantiva, welche etwas an sich Unselbständiges als selbständig bezeichnen.**

35. Die Concreta zerfallen in **Gemeinnamen** oder **Gattungsnamen** (Appellativa), **Eigennamen, Sammelnamen** (Kollectiva) und **Stoffnamen**.

36. **Gemeinnamen sind Concreta, welche sowohl eine ganze Gattung als auch ein jedes dieser Gattung angehörige Einzelwesen oder Individuum bezeichnen**, z. B. Blume. Mit diesem Begriffe bezeichne ich sowohl die ganze Gattung der Blumen, als auch eine jede einzelne Blume, wie Tulpe, Rose, Veilchen.

37. **Eigennamen sind Concreta, welche nur Einzelwesen bezeichnen**, z. B. Wolfgang, Goethe, Bucephalus, Phylax, Deutschland, Rom, Elbe, Vesuv.

38. **Sammelnamen sind Concreta, welche eine Menge gleichartiger Einzelwesen unter einen Begriff zusammenfassen**, z. B. Bürgerschaft, Herde, Gewölk.

39. **Stoffnamen sind Concreta, welche eine gleichartige Masse als Ganzes und auch jeden beliebigen Teil derselben bezeichnen**, z. B. Sand, Wein, Eisen; eine Hand voll Sand, ein Glas Wein, ein Stück Eisen.

Wie unterscheiden sich die Stoffnamen von den Gemeinnamen?

40. **Die Abstracta zerfallen in Eigenschaften, Handlungen und Zustände**, z. B. Schönheit, Häßlichkeit, Fleiß, Trägheit, Weisheit, Thorheit; Schlag, Ruf, Gang, Betrug, Widerstand, Rache; Leben, Tod, Furcht, Hoffnung, Gesundheit, Krankheit.

1) Dellination der Substantiva.

41.

	Starke Form.		Schwache Form.	Gemischte Form.
		Masculina.		
S. N.	Tag	Gast	Hase	Strahl
G.	Tages	Gastes	Hasen	Strahles
D.	Tage	Gaste	Hasen	Strahle
A.	Tag	Gast	Hasen	Strahl
P. N.	Tage	Gäste	Hasen	Strahlen
G.	Tage	Gäste	Hasen	Strahlen
D.	Tagen	Gästen	Hasen	Strahlen
A.	Tage	Gäste	Hasen	Strahlen

2

Feminina.

S. N. Besorgnis	Hand	Frau	Zunge
G. Besorgnis	Hand	Frau	Zunge
D. Besorgnis	Hand	Frau	Zunge
A. Besorgnis	Hand	Frau	Zunge
P. N. Besorgnisse	Hände	Frauen	Zungen
G. Besorgnisse	Hände	Frauen	Zungen
D. Besorgnissen	Händen	Frauen	Zungen
A. Besorgnisse	Hände	Frauen	Zungen

Neutra.

S. N. Roß	Gestade	Lamm	Auge
G. Rosses	Gestades	Lammes	Auges
D. Rosse	Gestade	Lamme	Auge
A. Roß	Gestade	Lamm	Auge
P. N. Rosse	Gestade	Lämmer	Augen
G. Rosse	Gestade	Lämmer	Augen
D. Rossen	Gestaden	Lämmern	Augen
A. Rosse	Gestade	Lämmer	Augen

42. Den Umlaut (vgl. § 253) haben nur starke Substantiva; nämlich alle starken Feminina und vielfach die starken Masculina und Neutra, z. B. Kraft, Kräfte, Tochter, Töchter, Mutter, Mütter; Bach, Bäche, Koch, Köche, Fluß, Flüsse; Lamm, Lämmer, Floß, Flöße, Buch, Bücher.

Starke Form.

43. **Masculina.** 1) Im Genitiv und Dativ Singularis kann das e der Endung auch fortfallen, z. B. des Tags, dem Tag, des Anfangs, dem Anfang, des Schwurs, dem Schwur.

44. 2) Die Masculina auf l, m, n, r werfen das e der Endung in allen Kasus fort, die Wörter auf en stoßen auch das n im Dativ Plur. aus, z. B. des Engels, Balsams, Morgens, Ebers: mit zwei Degen.

S. N. der Engel	der Degen
G. des Engels	des Degens
D. dem Engel	dem Degen
A. den Engel	den Degen
P. N. die Engel	die Degen
G. der Engel	der Degen
D. den Engeln	den Degen
A. die Engel	die Degen

Die Fremdwörter auf ier behalten das e im Pluralis, z. B. Offizier, Offiziere.

Die Fremdwörter auf **ius** bilden den Pluralis auf **ien**, z. B. der Radius, die Radien. Der Singularis wird nicht flektiert.

3) Überbleibsel einer früheren Deklinationsform ist das Wort 45. Käse, welches im Nominativ und Akkusativ Sing. die Endung e hat. Nom. Sing. der Käse G. des Käses D. dem Käse A. den Käse. Der Pluralis geht wie Gast. Einige starke Neutra haben dieselbe Bildung (s. Gestade).

4) Die Masculina auf **tum** bilden den Pluralis auf **er**, 46. z. B. Reichtümer; ebenso sind gebildet die Pluralia: Geister, Götter, Leiber, Männer, Ränder, Sträucher (neben Strüuche), Bösewichter, Wälder, Würmer. Ort bildet Orte und Örter.

5) Neben Männer merke den Pluralis Mannen, d. h. 47. gerüstete Männer, Vasallen. Ferner sagt man mit Anwendung einer alten Pluralform tausend Mann und alle Mann an Bord.

6) Zwischen der starken und schwachen Form schwanken im 48. Singularis: Bär (einen Bären), Bauer (stark in der Bedeutung Käfig, schwach in der Bedeutung Landmann), Fels (des Felses und des Felsen, daneben der Felsen, des Felsens), Papagei, Schelm.

Feminina. Die Wörter Mutter und Tochter stoßen 49. im Pluralis das e der Endung aus: Mütter und Töchter.

Neutra. 1) Die Neutra auf **el**, **en**, **er** und **lein** werfen 50. das e der Endung in allen Kasus fort, z. B. das Siegel, des Siegels, dem Siegel u. s. w., Zeichen, Fenster, Kindlein. Die auf **en** und **lein** gehen wie das Masculinum Degen.

2) Die Neutra mit der Pluralendung **er** haben den Umlaut; 51. außer ihnen auch die Fremdwörter: Kloster und Chor (Klöster und Chöre). Neben der ursprünglichen Form Boote findet sich jetzt auch Böte.

3) Den Pluralis auf **er** bilden, ohne den Umlaut zu haben, 52. die Wörter: Bild, Brett, Ei, Feld, Geld, Geschlecht, Gespenst, Glied, Kind, Kleid, Licht, Lied, Nest, Regiment, Reis, Rind, Weib. Gemüt bildet gleichfalls Gemüter.

4) Folgende Wörter bilden zwei Pluralformen mit verschie= 53. dener Bedeutung:
Band — die Bande (Fesseln) und Bänder.
Ding — die Dinge (Sachen) und Dinger (kleine Sachen, schmeichelnd oder verächtlich).
Gesicht — die Gesichte (Erscheinungen) und Gesichter.
Licht — die Lichte und Lichter (Farben, Beleuchtung).
Tuch — die Tuche (Tucharten) und Tücher.
Wort — die Worte (im Zusammenhang, Rede) und Wörter (ohne Zusammenhang, Vokabeln).

54. 5) In der edleren Sprache sind gebräuchlich: Gewande, Lande, Thale. Man sagt ferner: die Merkmale, häufig auch Denkmale, Wundenmale.

55. 6) Die Fremdwörter auf **um** und **ium** haben im Pluralis gewöhnlich **en, ien,** daneben auch **a, ia,** z. B. das Gymnasium, die Gymnasien; das Verbum, die Verben, die Verba, das Adverbium, die Adverbien oder Adverbia.

56. 7) Werke: das Herz, des Herzens, dem Herzen, das Herz. Pluralis schwach.

Schwache Form.

57. Masculina. 1) Einige Masculina haben das **e** des Nominativs fortgeworfen, z. B. Bär, Fürst, Graf, Herr, Mensch, Narr, Pfau (im Singular auch stark).

58. 2) Der Bauer, des Bauern, dem Bauern, den Bauern u. s. w. Gewöhnlich sagt man: des Herrn, dem Herrn, den Herrn.

59. Feminina. Die schwachen Feminina haben im Singularis die starke Form angenommen; sie werden daher jetzt zur gemischten Deklination gerechnet. Nur wenige schwache Singularformen sind noch gebräuchlich, z. B. auf Erden, das Kloster Unserer lieben Frauen, es ist nichts so fein gesponnen, alles kommt ans Licht der Sonnen. Bei Dichtern findet sich: Gott des Himmels und der Erden, Röslein auf der Heiden, auf der Gassen, auf der Straßen, in der Tonnen, in der Wiegen. Vergleiche auch Erdensohn, Lindenblatt, Schwalbenschwanz, Sonnenlicht, Tannenbaum.

60. Neutra. Die schwachen Neutra sind erloschen.

Gemischte Form.

61. Masculina. 1 Folgende starke Masculina bilden einen schwachen Pluralis: Bolz (daneben der Bolzen), Dorn, Gevatter, Lorbeer, Schmerz, See, Sporn, Staat, Stachel, Strahl, Unterthan, Vetter, Zierat. Ferner die Fremdwörter auf or, wie Doktor, Pastor, Professor, Rhetor und alle Fremdwörter weiblichen Geschlechts, wie Allianz, Konferenz, Deklamation.

62. 2) Es schwanken: Gau (Gaue und Gaue), Maß (Maße und Maßen), Mond (Monde und Monden), Reif (Reife und Reifen), Schelm (Schelme und Schelmen), Stiefel (Stiefel und Stiefeln), Thron (Throne und Thronen).

63. 3) Die schwachen Masculina auf **en** bilden einen starken Genitiv, z. B. Balken, Balkens; ebenso die schwachen Masculina

Friede, Funke, Gedanke, Glaube, Haufe, Name, Same, welche im Nominativ eine Nebenform auf **en** haben: (Frieden, Funken u. f. w.) Im Nominativ ist die Endung schwankend bei Drache (Drachen), Fels (Felsen), Gaum (Gaumen), Karpfe (Karpfen), Schreck (Schrecken).

Feminina. Die ursprünglich starken Feminina wie Gabe, 64. Ähre, Zahl werden jetzt nicht mehr von den ursprünglich schwachen Femininen unterschieden; da jene schon frühe den Pluralis schwach bildeten und diese im Singularis die starke Endung angenommen haben, so werden sie jetzt zur gemischten Form gerechnet. Vergleiche die folgende mittelhochdeutsche Flexion mit der neuhochdeutschen.

	Stark.		Schwach.			
S. N.	gâbe	zal	zunge	die Gabe	Zahl	Zunge 65.
G.	gâbe	zal	zungen	der Gabe	Zahl	Zunge
D.	gâbe	zal	zungen	der Gabe	Zahl	Zunge
A.	gâbe	zal	zungen	die Gabe	Zahl	Zunge
P. N.	gâbe	zal	zungen	die Gaben	Zahlen	Zungen
G.	gâben	zaln	zungen	der Gaben	Zahlen	Zungen
D.	gâben	zaln	zungen	den Gaben	Zahlen	Zungen
A.	gâbe	zal	zungen	die Gaben	Zahlen	Zungen

2) Die Wörter auf **el** und **er** stoßen im Pluralis das **e** der 66. Endung aus, z. B. die Fessel, die Fesseln, die Schulter, die Schultern.

Neutra: Auge, Bette, Ende, Hemde, Leid, Ohr. 67.

3) **Gleichlautende Substantiva mit verschiedenem Geschlecht** 68. **und verschiedener Bedeutung.**

Der Alp (Elfe)   die Alp (Berg).
Der Band (eines Werkes)   das Band (zum Binden).
Der Bauer (Landmann)   das Bauer (Käfig).
Der Buckel (Höcker)   die Buckel (an einem Schilde).
Der Bund (Bündnis)   das Bund (Gebund, z. B. Schlüssel).
Der Chor (Sängerchor)   das Chor (obere Teil der Kirche).
Der Erbe (Erbende)   das Erbe (Erbschaft).
Die Erkenntnis (Einsicht) das Erkenntnis (Urteilsspruch).
Der Flur (des Hauses)   die Flur (Feld).
Der Gehalt (Wert)   das Gehalt (eines Beamten).
Der Harz (Gebirge)   das Harz (am Baume).
Der Heide (Götzenanbeter) die Heide (öde Ebene).
Der Hut (Kopfbedeckung)   die Hut (das Hüten, Weideplatz).
Der Kiefer (Kinnbacken)   die Kiefer (Baumart).
Der Koller (Pferdekrankheit) das Koller (Wams)
Der Kunde (Käufer)   die Kunde (Nachricht).
Der Leiter (Führer)   die Leiter (Staffel).

Der Lohn (Belohnung)   das Lohn (Tagelohn)
Die Mandel (Frucht)   das Mandel (funfzehn Stück).
Der Mangel (Fehler)   die Mangel (Rollholz).
Die Mark (Land, Grenze) }
Die Mark (Münze) }   das Mark (im Knochen).
Der Mast (des Schiffes)   die Mast (Mästung).
Der Schild (des Ritters)   das Schild (an einem Hause).
Der Stift (zum Schreiben)   das Stift (Kloster).
Der See (Binnensee)   die See (Meer).
Der Sprosse (Abkömmling)   die Sprosse (einer Leiter).
Die Steuer (Geldbeitrag)   das Steuer (Steuerruder).
Der Thor (Narr)   das Thor (Eingang).
Der Verdienst (Einnahme)   das Verdienst (dankenswerte Handlung).
Die Wehr (Waffe)   das Wehr (Damm zur Stauung des Wassers).
Der (und die) Weihe (Raubvogel)   die Weihe (Weihung).

6) Deklination der Eigennamen.

69. N. Wilhelm   Hans   Mathilde
    G. Wilhelm es   Hans ens   Mathilde es (ens)
    D. Wilhelm (en)   Hans (Hansen)   Mathilde (en)
    A. Wilhelm   Hans (Hansen)   Mathilde (en)

    P. N. die Wilhelm e   Hans e   Mathilde en
    G. der Wilhelm e   Hans e   Mathilde en
    D. den Wilhelm en   Hans en   Mathilde en
    A. die Wilhelm e   Hans e   Mathilde en

70.   Nach Wilhelm gehen die männlichen Eigennamen und der Singularis der Familiennamen, welche sich nicht auf s, ß, sch, x, z, tz endigen. Der Dativ lautet häufig wie der Nominativ (Wilhelm). Z. B. Posa, Jakob, Hildebrand, Goethe, Adolf, Wolfgang, Friedrich, Alberti, Trenk, Hebel, Bertram, Hagen, Otto, Herder, Gellert, Gustav, Bredow.

71.   Nach Hans gehen die männlichen Eigennamen und die Familiennamen auf s, ß, sch, x, z, tz, z. B. Klaus, Strauß, Hirsch, Max, Franz, Horaz, Fritz.

72.   Ausgenommen sind die deutschen Namen auf es und ens und die fremden Namen auf as, es, is, os, us. Beide Klassen werden nicht flektiert. Der Kasus wird durch den Artikel angedeutet. Deutsche wie fremde Namen, welche zu der oben bezeichneten Klasse gehören, können im Genetiv dem regierenden Substantivum ohne Artikel vorangestellt werden, erhalten dann aber einen Apostroph, z. B. Görres' Schriften, Demosthenes' Reden.

73. Die weiblichen Eigennamen, welche auf einen Konsonanten endigen, schwanken im Genetiv: Gertruds und Gertrudens, Adelheids und Adelheidens; doch haben die aus fremden Sprachen entlehnten stets die kürzere Form, z. B. Marion, Marions, Mignon, Mignons.

74. Diejenigen, welche auf e endigen, bilden vorwiegend den Genetiv auf ns, z. B. Emilie, Emiliens, Luise, Luisens, Auguste, Augustens.

75. Man sagt im Pluralis: die Bourbons und die Bourbonen, die Pharaonen; Humboldts, Müllers.
Der Umlaut darf niemals im Pluralis eintreten, daher Wolfs, Kochs.
Man sagt auch: Wir waren bei Schillers (in der Familie Schillers). — Die Goethe, Schiller, Wieland (Männer wie Goethe u. s. w.)

76. Die Völkernamen sind meist schwach, z. B. Preuße, Däne; stark sind alle auf er, z. B. Östreicher. Es schwanken im Singularis: Pommer und Baier (des Pommers und des Pommern, des Baiers und des Baiern), im Pluralis gehen sie nach der schwachen Form.

77. Man sagt: die Regierung Friedrich Wilhelms und Friedrich Wilhelms Regierung; die Thaten des Kaisers Karl, Kaiser Karls Thaten und des Kaisers Karl Thaten; die Werke Friedrichs von Schiller und Friedrich von Schillers Werke. Heinrich von Kleist's Schriften. Das Buch des Herrn Professor Müller, Herrn Professor Müllers Buch.

7) Das Adjectivum.

Das Adjectivum hat eine unflektierte und eine flektierte Form. Die unflektierte wird prädikativ gebraucht, z. B. der Wein ist gut, der Baum ist grün. Die flektierte Form wird attributiv gebraucht, z. B. der gute Wein, der grüne Baum. Das flektierte Adjectiv hat eine starke und eine schwache Form, z. B. guter Wein, der gute Wein.

78.
Masculinum.

	Starke Form.		Schwache Form.
S. N.	guter Wein	ein guter Wein	der gute Wein
G.	gutes Weines	eines guten Weines	des guten Weines
D.	gutem Weine	einem guten Weine	dem guten Weine
A.	guten Wein	einen guten Wein	den guten Wein

P. N. gute Weine		die guten Wein
G. guter Weine		der guten Weine
D. guten Weinen		den guten Weinen
A. gute Weine		die guten Weine

Femininum.

S. N. gute Zeit	eine gute Zeit	die gute Zeit
G. guter Zeit	einer guten Zeit	der guten Zeit
D. guter Zeit	einer guten Zeit	der guten Zeit
A. gute Zeit	eine gute Zeit	die gute Zeit
P. N. gute Zeiten		die guten Zeiten
G. guter Zeiten		der guten Zeiten
D. guten Zeiten		den guten Zeiten
A. guten Zeiten		die guten Zeiten

Neutrum.

S. N. gutes Herz	ein gutes Herz	das gute Herz
G. gutes Herzens	eines guten Herzens	des guten Herzens
D. gutem Herzen	einem guten Herzen	dem guten Herzen
A. gutes Herz	ein gutes Herz	das gute Herz
P. N. gute Herzen		die guten Herzen
G. guter Herzen		der guten Herzen
D. guten Herzen		den guten Herzen
A. gute Herzen		die guten Herzen

79. Die Adjectiva auf el, en, er stoßen das e oft aus, z. B. dunkele — dunkle, dunkeler — dunkler; offene — offne, offener — offner; heitere — heitre, heiterer — heitrer.

80. Die Adjectiva auf el und er werfen auch häufig das e der Endungen en und em fort, z. B. dunkelen — dunkeln, dunkelem — dunkelm; munteren — muntern, munterem — munterm.

81. Die st a r k e Form des Adjectivs (guter Wein, gute Zeit, gutes Herz) wird gebraucht, wenn das Adjectiv ohne einen Artikel oder eine andere Erweiterung (f. § 194) vor einem Hauptworte steht; die schwache Form (der gute Wein, die gute Zeit, das gute Herz), wenn der bestimmte Artikel, ein hinweisendes oder fragendes Fürwort oder ein unbestimmtes Zahlwort dem Adjektiv vorangeht (dieser, jener gute Wein, welcher gute Wein?). Die gemischte Form, starker Nominativ des Masculinums und starker Nominativ und Akkusativ des Neutrums im Singularis bei schwacher Form der übrigen Kasus, tritt ein, wenn dem Adjetiv der unbestimmte Artikel (ein guter Wein, eine gute Zeit, ein gutes Herz), Possessiva oder die Wörter kein, viel, wenig vorangehen.

Z. B. guter Freund, liebe Frau, holdes Kind; der große Kurfürst, die stille Woche, das trojanische Pferd; dieser treffliche Fürst, jene beherzte Frau, dies teure Buch, mancher braver Mann, alle guten Dinge; ein kurzer

Arm, ein langes Schwert; eines kurzen Armes, eines langen Schwertes; mein lieber Sohn, dein letztes Wort, sein froher Sinn, unser teures Vaterland; kein schlechter Dichter, viel stiller Kummer, wenig gutes Wetter.

82. Nach etliche, einige, andere, viele, wenige, mehrere, manche, solche steht vorwiegend die starke Form des Adjectivs, z. B. etliche leichtgläubige Leute, einige dankbare Seelen, andere höhere Anstalten, viele deutsche Fürsten, wenige offene Köpfe, mehrere besonnene Bürger, manche wackere Kameraden, solche müßige Erfindungen.

83. Nach alle, keine, welche findet sich neben der starken auch die schwache Form, z. B. alle gute und alle guten Geister, keine sichere und sicheren Angaben, welche bedenkliche und welche bedenklichen Mienen.

84. Die schwachen Genetive des Adjectivs, welches ohne den Artikel oder andere Erweiterung vor dem Substantivum steht, wie guten Weines, edlen Sinnes sind jetzt gebräuchlicher als die starken Formen. Von diesen sind besonders üblich reines Herzens, gerades Weges, gutes Mutes.

85. Zwei oder mehr Adjectiva, welche mit einer anderen Erweiterung einem Substantiv beigefügt sind, werden übereinstimmend dekliniert, z. B. ein alter guter Freund, eines alten guten Freundes, einem alten guten Freunde; der teure werte Held, des teuren werten Helden u. s. w.

86. Zwei Adjectiva, welche ohne andere Erweiterung einem Substantivum vorangehen, werden im Femininum durchweg stark dekliniert; im Masculinum und Neutrum bilden beide Adjectiva den Genetiv Singularis schwach; den Dativ bildet das erste Adjectiv stark, das zweite schwach.

S N. edler hoher Sinn   altes gutes Recht
G. edlen hohen Sinnes alten guten Rechts
D. edlem hohen Sinne   altem guten Recht
A. edlen hohen Sinn   altes gutes Recht

Der Pluralis hat bei beiden die starke Form.

87. Man sagt: ich armer Mann; du treuer Freund; wir armen Leute; ihr mutigen Soldaten.

88. Das Adjectivum kann durch Verbindung mit dem Artikel zu einem Substantivum werden, z. B. weise, der Weise, ein Weiser, der Gelehrte, der Deutsche.

8) Die Komparation oder Steigerung.

89. Das ungesteigerte Adjectiv heißt Positiv.
Die Steigerung hat zwei Grade.
Der erste Steigerungsgrad oder Komparativ wird durch Anhängung der Endsilbe er gebildet, z. B. frisch, frischer; süß, süßer.

90. Die Adjectiva auf **e, el, en, er** werfen das **e** dieser Endung fort, z. B. träge, träg=er; edel, ebl=er; trocken, trockn=er;] ſicher, ſichr=er.

91. Der zweite Steigerungsgrad oder Superlativ wird durch Anhängung von **eſte** oder **ſte** gebildet, z. B. tugendhaft, tugendhaft=eſte; ſchön, ſchön=ſte.

Die einſilbigen Adjectiva erhalten gewöhnlich im Komparativ und Superlativ den Umlaut, z. B. alt, älter, der älteſte; lang, länger, der längſte. Ohne Umlaut bleiben diejenigen, welche den Stammvokal **au** haben, z. B. rauh, laut, und einige andere, wie brav, ſanft, dumpf, roh, ſchlank, ſtolz, ſtumpf, voll, toll.

Die mehrſilbigen Adjectiva haben in der Regel den Umlaut nicht, z. B. tapfer, tapfrer, der tapferſte; dunkel, dunkler, der dunkelſte; aber geſund, geſünder, der geſündeſte neben geſunder, der geſundeſte.

Es ſchwanken: bang, blaß, dumm, fromm, geſund, glatt, karg, klar, naß, rund, ſchmal, zart. Doch zieht man jetzt die Formen ohne Umlaut vor.

92. Abweichende Bildungen ſind:
hoch, höher, der höchſte,
nahe, näher, der nächſte,
groß, größer, der größte,
gut, beſſer, der beſte,
viel, mehr, der meiſte,
recht, richtiger, der richtigſte.
Merke auch die Steigerung der Adverbia:
bald, eher, eheſt,
gern, lieber, am liebſten.

Im Prädikat tritt ſtatt des Superlativs mit dem Artikel der Superlativ mit **am** ein, wenn der höchſte Grad bezeichnet werden ſoll, ohne daß mehrere Gegenſtände mit einander verglichen werden. Z. B. Unter den griechiſchen Stämmen war der Stamm der Spartaner der tapferſte. Dagegen: In der Zeit nach der Lykurgiſchen Geſetzgebung waren die Spartaner am tapferſten.

93. Die Komparative werden verſtärkt durch die Wörter: viel, weit, bei weitem, noch; die Superlative durch bei weitem und durch Vorſetzung des Genitivs aller, z. B. viel größer, weit lieber, bei weitem höher, noch älter; bei weitem der beſte, der allerbeſte.

94. Der Komparativ wird durch die Wörter: mehr, weniger, minder umſchrieben, wenn zwei verſchiedene Eigenſchaften deſſelben Gegenſtandes mit einander verglichen werden, z. B. er war mehr ſchweigſam, als geſprächig. Du biſt weniger erfreut, als überraſcht.

9) Das Pronomen.

1) Das persönliche Fürwort (pronomen personale). 95.

	1. Person.	2. Person.	3. Person.		
			Mascul.	Femin.	Neutr.
S. N.	ich	du	er	sie	es
G.	meiner (mein)	deiner (dein)	(seiner, sein)	ihrer	(seiner, sein)
D.	mir	dir	ihm	ihr	ihm
A.	mich	dich	ihn	sie	es
N. P.	wir	ihr		sie	
G.	unser	euer		ihrer	
D.	uns	euch		ihnen	
A.	uns	euch		sie	

Die Genetive mein, dein, sein gehören einer älteren Flexion 96. an und werden noch häufig gebraucht, z. B. Gedenke mein. Vergiß mein nicht. Der Herr hat dein noch nie vergessen, vergiß, mein Herz auch seiner nicht.

Der Genetiv Singularis des Fürworts der dritten Person lautete früher im Masculinum und Neutrum es. Im Neutrum hat sich dieser Genetiv noch erhalten, z. B. ich bin es gewohnt, ich bins zufrieden.

2) Das zurückzielende Fürwort (pronomen reflexivum). 97.

	Genitiv.	Dativ.	Akkusativ.
S. 1. P.	meiner (mein)	mir	mich
2. P.	deiner (dein)	dir	dich
3. P.	seiner, (sein), ihrer	sich	sich
P. 1. P.	unser	uns	uns
2. P.	euer	euch	euch
3. P.	ihrer	sich	sich

Sein selber nicht bewußt. Ich helfe mir, du hilfst dir u. s. w. Ich freue mich, du freust dich u. s. w.

Das zurückzielende Fürwort nimmt alle Formen aus dem per= 98. sönlichen Fürwort mit Ausnahme des Dativs und Akkusativs Sing. und Plur. der 3. Person; für diese Kasus steht sich.

3) Das Fürwort der Gegenseitigkeit (pronomen 99. reciprocum)

besteht aus den Formen des persönlichen Fürworts uns und euch, der reflexiven Form sich und der besonderen Bildung einander.

Wir begegneten uns (oder einander). Liebet euch. Habet 100. einander lieb. Sie schaden einander. Die Wege kreuzen sich (oder einander).

Zu einander treten oft Präpositionen.
Sie gingen nach einander. Mit einander kämpfen, unter einander streiten, sich auf einander verlassen.

101. '4) Das besitzanzeigende Fürwort (pronomen possessivum) ist von den Genetiven des persönlichen Fürworts mein, dein, sein, ihrer, unser, euer abgeleitet. Es lautet:
mein, meine, mein,
dein, deine, dein,
sein, seine, sein,
ihr, ihre, ihr,
unser, unsere, unser,
euer, euere, euer.

102. Die Form ihr ist das Possessivum für den Singularis des Femininums und den Pluralis aller Geschlechter.

103. Die Formen meiner, meine, meines, deiner, seiner, ihrer, unserer, eurer werden im Prädikat gebraucht.
Hier ist mein Weg, dort ist deiner.

104. Ohne Substantivum wird die mit dem Artikel verbundene Form gesetzt.
der, die, das meine oder meinige,
der, die, das deine oder deinige,
der, die, das seine oder seinige,
der, die, das ihre oder ihrige,
der, die, das unsre oder unsrige,
der, die, das eure oder eurige.

105. 4) Das hinweisende Fürwort (pronomen demonstrativum).
Hinweisende Fürwörter sind:
der, die, das; dieser, diese, dieses (dies); jener, jene, jenes; solcher, solche, solches.
Man sagt; ein solcher Mann, eines solchen Mannes und solch ein Mann, solch eines Mannes.

106. Das Demonstrativum der, die, das ist der bestimmte Artikel mit starker Betonung; er lautet als Demonstrativ im:

	Mascul.	Femin.	Neutr.
Gen. S.	des, dessen;	der, deren;	des, dessen;
Gen. P.		der, deren, derer	
		den, denen.	

107. Die Formen dessen, deren, derer und denen werden substantivisch gebraucht. Die Form derer steht, wenn ein Relativum folgt.

Der ist es. Die kenne ich. Das mag so hingehen. Hier ist das Buch, ich bedarf dessen (seiner) nicht mehr. Jetzo sag mir das Ende derer, welche von Troja kehrten. Wilhelm von Oranien gehörte zu denen, welche lieber handeln als reden.

Zuweilen findet sich die Form des statt dessen gebraucht, 108. z. B. Wes das Herz voll ist, des geht der Mund über.

6) **Das bestimmende Fürwort** pronomen deter- 109. minativum).

Derjenige, diejenige, dasjenige; derselbe, dieselbe, dasselbe.

Das Fürwort derjenige wird zu einem Begriffe gesetzt, welcher durch einen folgenden Satz noch näher bestimmt wird. Wer steht für derjenige, welcher.

Du bist nicht derjenige, welchen wir suchen. Wer andern eine Grube gräbt, fällt selbst hinein. Was dem einen recht ist, ist dem andern billig.

7) **Das fragende Fürwort** (pronomen interrogativum). 110.

Substantivisches Fragewort.

	Masc.	Fem.	Neutr.
S. N.	wer?	—	was?
G.	wessen? (wes?)		
D.	wem?		
A.	wen?		was?
P.	fehlt.		

Adjektivisches Fragewort.

S. N.	welcher	welche	welches
G.	welches	welcher	welches
D.	welchem	welcher	welchem
A.	welchen	welche	welches

Für alle Geschlechter.

P. N.	welche
G.	welcher
D.	welchen
A.	welche

Hierzu kommt das Fragewort: was für einer (ein), 113. was für eine, was für eines (ein). Die Formen was für einer und was für eines werden substantivisch, die übrigen adjektivisch gebraucht.

Wer wagt es? Was schaffst du? Welchen Weg müssen wir einschlagen? Was für ein Buch liest du?

Ähnlich sagt man: welch ein Mann! — Merke auch: welch reicher Himmel für welcher reiche Himmel.

112. **8) Das bezügliche Fürwort** (pronomen relativum).

	Mascul.	Femin.	Neutr.
S. N.	welcher, der	welche, die	welches, das
G.	dessen	deren	dessen
D.	welchem, dem	welcher, der	welchem, dem
A.	welchen, den	welche, die	welches, das

Für alle Geschlechter.

P. N.	welche, die
G.	deren
D.	welchen, denen
A.	welche, die

113. In der älteren Sprache und bei Dichtern findet sich häufig *so* als Relativum, z. B. Die, so mich hassen, werde ich heimsuchen. Röschen, so der Mutter Freude, so der Stolz des Dorfes war. Das Haupt, so er ihm abgehauen.

114. **9) Das unbestimmte Fürwort** (pronomen indefinitum).
Jemand (d. h. irgend ein Mann), G. jemandes, D. und A. jemand und jemanden;
niemand (d. h. kein Mann);
man (d. h. Mann);
einer, irgend einer, keiner;
ein anderer, der andere; der eine, der andere;
was, etwas; nichts;
solcherlei; desgleichen, Pl. dergleichen; meinesgleichen, deinesgleichen.

10) Das Numerale.

115. Die Numeralia oder Zahlwörter sind entweder bestimmte oder unbestimmte, z. B. zwanzig, etliche.

1) Die bestimmten Zahlwörter.

116. a. Die **Grundzahlen** (cardinalia) stehen auf die Frage: wie viel?
Eins, zwei, drei, vier, fünf, sechs, sieben, acht, neun, zehn, elf, zwölf, dreizehn, vierzehn, funfzehn, sechzehn, siebzehn, achtzehn, neunzehn, zwanzig, einundzwanzig; dreißig, vierzig, fünfzig, sechzig, siebzig, achtzig, neunzig, hundert oder einhundert, hunderteins oder hundert und eins, zweihundert, tausend, zweitausend, eine Million, eine Milliarde, eine Billion.

117. Man sagt: ein Brief und der eine Brief; ein Buch und das eine Buch.
Zwei, Gen. zweier, Dat. zweien, Acc. zwei; aber die zwei Freunde, der zwei Freunde, den zwei Freunden. Ebenso geht drei.

In der älteren Sprache lautete im Nom. und Acc. das Masculinum zween, das Femininum zwo, das Neutrum zwei, z. B. zween Männer, zwo Frauen, zwei Kinder.

b. die Ordnungszahlen (ordinalia) stehen auf die 119. Frage: der, die, das wievielste? Sie werden von den Grundzahlen abgeleitet und zwar von 2 bis 19 mit der Endung ter, von 20 an mit der Endung ster.

Der erste ist der Superlativ von ehe (vergl. hiermit prae, prior, primus), von drei ist gebildet der dritte.

Der erste, zweite, dritte u. s. w., der zwanzigste, der dreißigste, der hundertste, der tausendste, der millionste.

Die übrigen bestimmten Zahlwörter werden wie die Ordnungs- 120. zahlen von den Grundzahlen abgeleitet, so die Multiplicativa: einmal, zweimal, zehnmal u. s. w., die Vervielfachungszahlen: zweifach (doppelt), dreierlei; die Bruchzahlen: drittel, viertel (aber halb).

2) Die unbestimmten Zahlwörter 121. sind: viel mehr, wenig, weniger, einige, etliche, manche, alle, jeder, jegliche.

11) Das Verbum.

1) Konjugation der Verba. 122.
Activum.
Präsens.

		Stark.		Schwach.
Indic. S.	ich	binde	schlage	suche
	du	bindest	schlägst	suchest, suchst
	er	bindet	schlägt	suchet, sucht
P.	wir	binden	schlagen	suchen
	ihr	bindet	schlaget	suchet
	sie	binden	schlagen	suchen
Konj. S.	ich	binde	schlage	suche
	du	bindest	schlagest	suchest
	er	binde	schlage	suche
P.	wir	binden	schlagen	suchen
	ihr	bindet	schlaget	suchet
	sie	binden	schlagen	suchen

Präteritum (Imperfectum).

Indic. S.	ich	band	schlug	suchte
	du	bandst	schlugst	suchtest
	er	band	schlug	suchte

	P. wir banden	schlugen	suchten
	ihr bandet	schluget	suchtet
	sie banden	schlugen	suchten
Konj. S.	ich bände	schlüge	suchte
	du bändest	schlügest	suchtest
	er bände	schlüge	suchte
	P. wir bänden	schlügen	suchten
	ihr bändet	schlüget	suchtet
	sie bänden	schlügen	suchten

Umschreibende Form.
ich würde binden   schlagen   suchen

Erstes Futurum.
ich werde binden   schlagen   suchen

Zweites Futurum.
ich werde gebunden haben   geschlagen haben   gesucht haben

Perfectum.
Indic. ich habe gebunden   geschlagen   gesucht
du hast u. s. w.
Konj. ich habe gebunden   geschlagen   gesucht
du habest u. s. w.

Plusquamperfectum.
Indic. ich hatte gebunden   geschlagen   gesucht
ich hätte gebunden   geschlagen   gesucht

Imperativ.
S. binde   schlage   suche
P. bindet   schlaget   suchet

Umschreibende Form.
du sollst binden   schlagen   suchen
er soll u. s. w.

Erstes Participium (Participium Präsentis).
bindend   schlagend   suchend

Zweites Participium (Participium Präteriti).
gebunden   geschlagen   gesucht

Infinitiv.
Präs. binden   schlagen   suchen
Fut. binden werden   schlagen werden   suchen werden
Perf. gebunden haben   geschlagen haben   gesucht haben

Passivum.
Präsens.
Stark.   Schwach.
Indic. ich werde gebunden   geschlagen   gesucht
du wirst gebunden   u. s. w.

Konj. ich werde gebunden   geschlagen   gesucht
      du werdest gebunden   u. s. w.

Präteritum (Imperfectum).
Indik. ich wurde gebunden   geschlagen   gesucht
Konj. ich würde gebunden   geschlagen   gesucht

Erstes Futurum.
ich werde gebunden werden geschlagen werden   gesucht werden

Zweites Futurum.
ich werde gebunden worden sein geschlagen worden sein gesucht w. s.

Perfectum.
Indik. ich bin gebunden worden   geschlagen worden   gesucht worden
Konj. ich sei gebunden worden   geschlagen worden   gesucht worden

Plusquamperfectum.
Indik. ich war gebunden worden   geschlagen worden   gesucht worden
Konj. ich wäre gebunden worden   geschlagen worden   gesucht worden

Imperativ.
werde gebunden   geschlagen   gesucht
werdet gebunden   geschlagen   gesucht

Umschreibende Form.
du sollst gebunden werden   geschlagen werden   gesucht werden
er soll gebunden werden   u. s. w.

Infinitiv.
Präsens.
gebunden werden   geschlagen werden   gesucht werden
Perfectum.
gebunden worden sein   geschlagen worden sein   gesucht worden sein
Futurum.
werden gebunden werden   werden geschlagen werden   werden gesucht w.

3) **Teile des Verbums.** 123.

Man unterscheidet im Verbum:
1) **das Activum oder die thätige Form und das Passivum oder die leidende Form** (Genera verbi).
2) Die **Modi** oder **Redeweisen** sind der **Indikativ**, 124. der **Konjunktiv** und der **Imperativ**.

Die Sachsen sind von Karl dem Großen unterworfen worden. Die Blätter fallen von den Bäumen. Die Erde bewegt sich um die Sonne. Viele glauben, Waldemar sei ein Betrüger gewesen. Ach, wären wir weiter, ach, wär' ich zu Haus! Es wäre mir sehr angenehm, wenn du noch hier bliebest. Thue recht und scheue niemand. Komm, lieber Mai, und mache die Bäume wieder grün!

125. 3) Die **Mittelwörter**: Infinitiv, das erste Participium oder Participium Präsentis (Participium der Gegenwart) und das zweite Participium oder Participium Präteriti (Participium der Vergangenheit). Der Infinitiv und das zweite Participium werden auch als Imperative gebraucht, z. B. Zumachen! Zugemacht!

126. 4) Die **Tempora** oder **Zeiten**: das Präsens (die Gegenwart), das Präteritum oder Imperfectum, Perfectum und Plusquamperfectum (Zeiten der Vergangenheit), das erste Futurum und das zweite Futurum (Zeiten der Zukunft).

127. Das Präsens, Präteritum und das zweite Participium heißen die **Stammzeiten**. Nach ihnen richten sich alle übrigen Formen des Verbums.

128. Nur die Stammzeiten, das erste Participium, der Infinitiv des Präsens und zwei Formen des Imperativs werden ohne ein Hilfszeitwort gebildet, alle übrigen Formen bedürfen der Hilfszeitwörter: sein, haben, werden, sollen, welche mit dem Infinitiv oder dem zweiten Participium verbunden werden.

129. 4) **Starke und schwache Konjugation.**

Die Verba werden entweder nach der starken oder nach der schwachen Form konjugiert.

130. Die Verba der starken Form (die starken oder ablautenden Verba) haben den Ablaut, d. h. sie verändern den Vokal der Stammsilbe und bilden das Participium der Vergangenheit auf en, z. B. singe, sang, gesungen. Ferner hat die erste und dritte Person Singularis Präteriti keine Endung, z. B. ich sang, er sang, und der Konjunktiv Präteriti den Umlaut, z. B. ich sänge, du sängest.

131. Die Verba der schwachen Form (die schwachen Verba) endigen das Participium der Vergangenheit auf t oder et, z. B. führe, geführt, leite, geleitet, das Präteritum hat die Endung te oder ete, z. B. ich führte, ich leitete.

Die Endungen des Präteritums te, test, ten, tet sind aus dem Verbum thun entstanden. Ursprünglich (im Althochdeutschen) sagte man z. B. ih lêr-ta d. h. ich lehren=that, du lêr-tos, du lehren=thaft und hieraus wurde später (im Mittelhochdeutschen): lêr-te, lêr-test und unser heutiges lehrte, lehrtest. Vergleiche hiermit die noch übliche Umschreibung mit thun (thäst du zur rechten Zeit dich regen) und den Gebrauch des englischen to do.

12) Hilfszeitwörter.
Sein.

Präsens.		Präteritum (Imperf.)			
Indik.	Konj.	Indik.	Konj.	Imper.	Partic.
S. ich bin	sei	war	wäre	sei	seiend
du bist	seiest (seist)	warst	wärest	seid	gewesen
er, sie, es ist	sei	war	wäre	Infin.	
P. wir sind	seien	waren	wären	sein.	
ihr seid	seiet	waret	wäret		
sie sind	seien	waren	wären		

Die übrigen Tempora sind zusammengesetzte Formen:

Futurum I.: ich werde sein, Imperativ: du sollst sein, er, sie, es soll sein, wir sollen sein, ihr sollt sein, sie sollen sein.
Futurum II.: ich werde gewesen sein.
Perfectum: ich bin gewesen, ich sei gewesen.
Plusquamperfectum: ich war gewesen, ich wäre gewesen.

Alte Formen: bis (sei) Imperativ, bis dem allmächtigen Gott empfohlen; was (war) z. B. Mein Benedict, so lang er was, lag ausgestreckt noch dort im Gras; gewest (gewesen), z. B. weil er gewest so ungeschickt.

Haben.

Präsens.		Präteritum (Imperf.)			
Indik.	Konj.	Indik.	Konj.	Imper.	Partic.
S. ich habe	habe	hatte	hätte	habe	habend
du hast	habest	hattest	hättest	habet	gehabt
er hat	habe	hatte	hätte	Infin.	
P. wir haben	haben	hatten	hätten	haben	
ihr habet	habet	hattet	hättet		
sie haben	haben	hatten	hätten		

Zusammengesetzte Formen:
Futurum I.: ich werde haben, Imperativ: du sollst haben, er soll haben, wir sollen haben, ihr sollt haben, sie sollen haben.
Futurum II.: ich werde gehabt haben.
Perfectum: ich habe gehabt.
Plusquamperfectum: ich hatte gehabt, ich hätte gehabt.
Alte Form han für haben.

136. **Werben.**

	Präsens.		Präteritum (Imperf.)			
	Indik.	Konj.	Indik.	Konj.	Imper.	Partic.
S.	ich werde	werde	wurde	würde	werde	werdend
	du wirst	werdest	wurdest	würdest	werdet	geworden
	er wird	werde	wurde	würde	Infin.	
P.	wir werden	werden	wurden	würden	werden	
	ihr werdet	werdet	wurdet	würdet		
	sie werden	werden	wurden	würden		

Hierzu die zusammengesetzten Formen: ich werde werden, ich werde geworden sein, ich bin geworden u. s. w.

137. Ältere, noch gebräuchliche Formen sind: ward und wardst für wurde und wurdest.

138. Das Hilfszeitwort sollen (ich soll, du sollst, er soll, wir sollen, ihr sollt, sie sollen, sollte, gesollt bildete ursprünglich das Participium sollen (mit Auslassung der Vorsilbe ge). Diese ältere Form wird noch jetzt in der Verbindung mit Infinitiven anderer Verba gebraucht, z. B. du hättest mir folgen sollen (nicht gesollt). Aus demselben Grunde verbindet man dürfen, können, mögen, wollen, müssen, lassen, statt gedurft, gekonnt u. s. w. mit den Infinitiven anderer Verba. Die Verba hören, fühlen, helfen, lernen setzen aber den wirklichen Infinitiv zu den Infinitiven anderer Verba. Z. B. Verachtung hab' ich nie ertragen können. Ihr wißt, was ihr habt thun wollen. Der Meister hat ihn kommen lassen. Ich hab' es öfters rühmen hören. Ich habe jetzt dich kennen lernen.

13) Die starken Verba.

139. **Erste Klasse:** i — a — u
binde, band, Konj. bände, gebunden.

Ebenso gehen: finden, schwinden, winden; dingen, bringen, gelingen, klingen, ringen, schlingen, schwingen, singen, springen, zwingen, sinken, trinken.

i — a — o
spinne, spann, Konj. spänne, spönne, gesponnen.

Ebenso: beginnen, gewinnen, rinnen, sinnen, schwimmen.

e — a — o
spreche, sprach, Konj. spräche, gesprochen.
du sprichst
er spricht, Imperativ: sprich.

Ebenso: brechen, stechen, erschrecken (erschrak), helfen, gelten, schelten, verderben, sterben, werben, werfen, werden (ward und wurde), bergen, dreschen (drosch), bersten.

$$e - o - o$$
fechte, focht, Konj. föchte, gefochten.
du fichst
er ficht, Imperativ: ficht.
Ebenso: flechten, schwellen, quellen, schmelzen, melken.

Zweite Klasse: $e - a - e$ 140.
    gebe, gab, Konj. gäbe, gegeben
    du giebst
    er giebt, Imperativ: gieb.
Ebenso: sehen, geschehen, lesen; treten (trittst, tritt), essen (issest und ißt, ißt, iß, aß, gegessen), fressen, vergessen (vergaß, vergessen), messen; genesen (genesest, geneset).

Dritte Klasse: $e - a - o$ 141.
    stehle, stahl, Konj. stähle, stöhle, gestohlen
    du stiehlst
    er stiehlt, Imperativ: stiehl.
Ebenso: befehlen, empfehlen, nehmen (nimmst, nimmt, nimm).

Vierte Klasse: $a - u - a$ 142.
    fahre, fuhr, Konj. führe, gefahren
    du fährst
    er fährt, Imperativ fahre.
Ebenso: tragen, schlagen, graben, wachsen, waschen, backen, laden.

Fünfte Klasse: $ei - ie - ie$ 143.
    scheine, schien, Konj. schiene, geschienen.
Ebenso: bleiben, reiben, treiben, meiden, scheiden, preisen, weisen, verweisen, schweigen, steigen; gedeihen, leihen, zeihen, verzeihen, schreiben, schreien, speien.
$$ei - i - i$$
    greife, griff, Konj. griffe, gegriffen.
Ebenso: kneifen, pfeifen, schleifen, gleiten, reiten, schreiten, streiten, leiden (litt, gelitten), schneiden (schnitt, geschnitten), beißen, reißen, bleichen, gleichen, schleichen, streichen, weichen.

Sechste Klasse: $ie - o - o$ 144.
    biete, bot, Konj. böte, geboten.
Ebenso: schieben, stieben, kiesen (kor, geloren), frieren, verlieren, biegen, fliegen, fliehen, wiegen, ziehen (zog, gezogen).
    gieße, goß, Konj. gösse, gegossen.
Ebenso: fließen, genießen, schießen, schließen, sprießen, verdrießen, kriechen, riechen, sieden (sott, gesotten), triefen (troff, getroffen).

Siebente Klasse (reduplicierende Verba):   145.
$$a - ie - a$$
    falle,   fiel,   gefallen
    schlafe,   schlief,   geschlafen

ei	— ie	— ei
heißen,	hieß,	geheißen
o	— ie	— o
stoße,	stieß,	gestoßen
au	— ie	— au
laufe,	lief,	gelaufen
haue	hieb,	gehauen
u	— ie	— u
rufe,	rief,	gerufen.

146. Die drei ersten Klassen der starken Verba hatten ursprünglich den Stammvokal i, welcher im Neuhochdeutschen mehrfach in e übergegangen ist. So ist z. B. aus hilfe, gibe, stile, unser helfe, gebe, stehle geworden.

147. Früher ging im Präteritum der ersten Klasse das a des Singularis im Plural in u über. Noch Luther sagt: Sie nahmen Jesum und bunden ihn. Auch wir sagen noch: Wie die Alten sungen, zwitschern die Jungen. Vergleiche hiezu: ich ward, du wardst, er ward, wir wurden, ihr wurdet, sie wurden. Erst aus dem Pluralis bildete sich die jüngere Form des Singularis: ich wurde, du wurdest, er wurde.

148. Aus dem alten Pluralis von helfen, sterben, verderben: hulfen, sturben, verdurben rührt der Konjunktiv der Präterita her: hülfe, stürbe, verdürbe; ebenso würde, würfe. Jüngere Bildungen sind: hälfe, stärbe, verdärbe u. s. w.

149. Nach dem Ablaut im Präteritum und dem Participium der Vergangenheit gehören zur dritten Klasse auch gebären und kommen; zur sechsten: lügen, trügen; ferner saufen, schnauben, saugen, schrauben.

150. Die reduplicierenden Verba beruhen auf einer Bildung des Präteritums, die sich allein im Gotischen findet. So bildet z. B. halda (halte) das Präteritum haihald. Hier ist der anlautende Konsonant des Stammes (h) im Verein mit ai (= e) vor den Präsensstamm geschoben und so verdoppelt (redupliciert) worden. Man vergleiche damit λέλυκα (lelyka) und tetigi. Im Deutschen schwindet die Reduplikation, aus dem gotischen haihald wird zuerst hialt, dann hielt. Jetzt rechnet man gewöhnlich die reduplicierenden Verba, welche ursprünglich eine besondere Klasse bildeten, zu den starken Verben.

14) Abweichende Bildungen.

151. Ich bin, ich habe, ich werde, ich soll s. 132 ff.

Ich muß, du mußt, er muß, wir müssen, ihr müsset oder wüßt, sie müssen, ich müsse; ich mußte, ich müßte; gemußt, müssen.

Ich weiß, du weißt, er weiß, wir wissen, ihr wisset, sie wissen, ich wisse; ich wußte, ich wüßte; gewußt, wissen.

Ich mag, du magst, er mag, wir mögen, ihr möget, sie mögen, ich möge; ich mochte, ich möchte; gemocht, mögen.

Ich darf, du darfst, er darf, wir dürfen, ihr dürfet, sie dürfen, ich dürfe; ich durfte, ich dürfte; gedurft, dürfen.

Ich kann, du kannst, er kann, wir können, ihr könnet und könnt, sie können, ich könne; ich konnte, ich könnte; gekonnt, können.

Ich will, du willst, er will, wir wollen, ihr wollet ober wollt, sie wollen, ich wolle; ich wollte (Indik. und Konj.); gewollt, wollen.

Ich thue, ich that, ich thäte; gethan, thun.

Ich stehe, du stehst, er steht, wir steh(e)n, ihr steh(e)t, sie steh(e)n; steh, stehet; ich stand (stund), ich stände (stünde), gestanden.

Ich gehe, du gehst, er geht, wir geh(e)n, ihr geh(e)t, sie geh(e)n; geh(e), geht; ich ging (gieng); ich ginge, gegangen.

Ich fange, du fängst, er fängt, fange, fing, finge, gefangen.

Ich hange, du hängst, er hängt, hange; hing, hinge, gehangen.

Ferner: bitte, bat, gebeten; liege, lag, gelegen; sitze, saß, gesessen; hebe, hob (hub), gehoben; schwöre, schwur (schwor), geschworen.

13) Verzeichnis der gebräuchlichsten starken Verba.

Singularis des Präsens.	Imperativ.	Präteritum. Indik. und Konj.	Participium der Vergangenheit.
backe, bäckst, bäckt	backe	buk, büke	gebacken
befehle, befiehlst, befiehlt	befiehl	befahl, beföhle	befohlen
beginne, beginnst, beginnt	beginne	begann, begönne	begonnen
beiße, beißt, beißt	beiße	biß, bisse	gebissen
berge, birgst, birgt	berge	barg, bärge	geborgen
berste, birst, birst; berstest, berstet	birst	barst (borst), bärste (börste)	geborsten
bewege, bewegst, bewegt	bewege	bewog, bewöge	bewogen
biege, biegst, biegt	biege	bog, böge	gebogen
biete, bietest, bietet	biete	bot, böte	geboten
binde, bindest, bindet	binde	band, bände	gebunden
bitte, bittest, bittet	bitte	bat, bäte	gebeten
blase, bläst, bläst	blase	blies, bliese	geblasen
bleibe, bleibst, bleibt	bleibe	blieb, bliebe	geblieben
brate, brätst, brät	brate	briet, briete	gebraten
breche, brichst, bricht	brich	brach, bräche	gebrochen
dinge, dingst, dingt	dinge	(dung) dingte	gedungen
dresche, drischest, drischt	drisch	drosch, drösche	gedroschen
dringe, dringst, dringt	dringe	drang, dränge	gedrungen
empfange, empfängst, empfängt	empfange	empfing, empfinge	empfangen

erlösche, erlischest, erlischt — erlisch — erlosch, erlösche — erloschen
erschrecke, erschrickst, erschrickt — erschrick — erschrak, erschräke — erschrocken
esse, issest und ißt, ißt — iß — aß, äße — gegessen
fahre, fährst, fährt — fahre — fuhr, führe — gefahren
falle, fällst, fällt — falle — fiel, fiele — gefallen
fange, fängst, fängt — fange — fing, finge — gefangen
fechte, fichst, ficht — ficht — focht, föchte — gefochten
finde, findest, findet — finde — fand, fände — gefunden
flechte, flichst, flicht — flicht — flocht, flöchte — geflochten
fliege, fliegst, fliegt — fliege — flog, flöge — geflogen
fliehe, fliehst, flieht — fliehe — floh, flöhe — geflohen
fließe, fließest, fließt — fließe — floß, flösse — geflossen
fresse, frißt, frißt — friß — fraß, fräße — gefressen
friere, frierst, friert — friere — fror, fröre — gefroren
gäre, gärst, gärt — gäre — gor, göre — gegoren
gebäre, gebierst, gebiert — gebäre — gebar, gebäre — geboren
gebe, giebst, giebt — gieb — gab, gäbe — gegeben
gedeihe, gedeihst, gedeiht — gedeihe — gedieh, gediehe — gediehen
gehe, gehst, geht — gehe — ging (gieng), ginge — gegangen
gelinge, gelingst, gelingt — gelinge — gelang, gelänge — gelungen
gelten, giltst, gilt — gilt — galt, gälte, gölte — gegolten
genese, genesest, geneset — genese — genas, genäse — genesen
geschehe, es geschieht — es geschah, geschähe — geschehen
gewinne, gewinnst, gewinnt — gewinne — gewann, gewönne — gewonnen
gieße, gießest, gießt — gieße — goß, gösse — gegossen
gleiche, gleichst, gleicht — gleiche — glich, gliche — geglichen
gleite, gleitest, gleitet — gleite — glitt, glitte — geglitten
glimme, glimmst, glimmt — glimme — glomm, glömme; glimmte — geglommen

grabe, gräbst, gräbt — grabe — grub, grübe — gegraben
greife, greifst, greift — greife — griff, griffe — gegriffen
halte, hältst, hält — halte — hielt, hielte — gehalten
hange, hängst, hängt — hange — hing, hinge — gehangen
haue, haust, haue — haue — hieb, hiebe — gehauen
hebe, hebst, hebt — hebe — hob, höbe — gehoben
heiße, heißest und heißt, heißt — heiße — hieß, hieße — geheißen
helfe, hilfst, hilft — hilf — half, hülfe; hälfe — geholfen
klimme, klimmst, klimmt — klimm — klomm, klömme; klimmte — geklommen

klinge, klingst, klingt — klinge — klang, klänge — geklungen
komme, kommst, kommt — komm — kam, käme — gekommen
krieche, kriechst, kriecht — krieche — kroch, kröche — gekrochen
lade, lädst, ladest; lädt, ladet — lade — lud, lübe — geladen
lasse, lässest und läßt, läßt — laß — ließ, ließe — gelassen
laufe, läufst, läuft — laufe — lief, liefe — gelaufen
leide, leidest, leidet — leide — litt, litte, — gelitten

leihe, leihst, leiht	leihe	lieh, liehe	geliehen
lese, liesest und liest, liest,	lies	las, läse	gelesen
liege, liegst, liegt	liege	lag, läge	gelegen
lüge, lügst, lügt	lüge	log, löge	gelogen
meide, meidest, meidet	meide	mied, miede	gemieden
melke, melkst, melkt	melke	molk, mölke; melkte	gemolken gemelkt
messe, missest und mißt, mißt	miß	maß, mäße	gemessen
nehme, nimmst, nimmt	nimm	nahm, nähme	genommen
pfeife, pfeifst, pfeift	pfeife	pfiff, pfiffe	gepfiffen
pflege, pflegst, pflegt	pflege	pflog (pflag), pflöge; pflegte	gepflogen, gepflegt
preise, preisest, preist	preise	pries, priese	gepriesen
quelle, quillst, quillt	quill	quoll, quölle	gequollen
rate, rätst, rät	rate	riet, riete	geraten
reibe, reibst, reibt	reibe	rieb, riebe	gerieben
reiße, reißt, reißt	reiße	riß, risse	gerissen
reite, reitest, reitet	reite	ritt, ritte	geritten
rieche, riechst, riecht	rieche	roch, röche	gerochen
ringe, ringst, ringt	ringe	rang, ränge	gerungen
rinne, rinnst, rinnt	rinne	rann, ränne, rönne	geronnen
rufe, rufst, ruft	rufe	rief, riefe	gerufen
saufe, säufft, säuft	saufe	soff, söffe	gesoffen
sauge, saugest u. saugst, saugt	sauge	sog, söge	gesogen
schaffe, schaffest, schafft	schaffe	schuf, schüfe	geschaffen
scheide, scheidest, scheidet	scheide	schied, schiede	geschieden
scheine, scheinst, scheint	scheine	schien, schiene	geschienen
schelte, schiltst, schilt	schilt	schalt, schölte	gescholten
schere, schierst, schiert; scherst, schert	schere	schor, schöre	geschoren
schiebe, schiebst, schiebt	schiebe	schob, schöbe	geschoben
schieße, schießest, schießt	schieße	schoß, schösse	geschossen
schlafe, schläfst, schläft	schlafe	schlief, schliefe	geschlafen
schlage, schlägst, schlägt	schlage	schlug, schlüge	geschlagen
schleiche, schleichest und schleichst, schleicht	schleiche	schlich, schliche	geschlichen
schleife, schleifest und schleifst, schleift	schleife	schliff, schliffe	geschliffen
schließe, schließest, schließt	schließe	schloß, schlösse	geschlossen
schlinge, schlingst, schlingt	schlinge	schlang, schlänge	geschlungen
schmelze, schmilzt, schmilzt	schmilz	schmolz, schmölze	geschmolzen
schnaube, schnaubst, schnaubt	schnaube	schnob, schnöbe; schnaubte	geschnoben, geschnaubt
schneide, schneidest, schneidet	schneide	schnitt, schnitte	geschnitten
schraube, schraubst, schraubt	schraube	schrob u. schraubte schröbe u. schraubte	geschroben u. geschraubt

schreibe, schreibst, schreibt | schreibe | schrieb, schriebe | geschrieben
schreite, schreitest, schreitet | schreite | schritt, schritte | geschritten
schreie, schreist, schreit | schreie | schrie, schriee | geschrieen
schwäre, schwärst, schwärt | schwäre | schwor, schwöre | geschworen
schweige, schweigst, schweigt | schweige | schwieg, schwiege | geschwiegen
schwelle, schwillst, schwillt | schwill | schwoll, schwölle | geschwollen
schwimme, schwimmst, schwimmt | schwimme | schwamm, schwämme | geschwommen
schwinde, schwindest, schwindet | schwinde | schwand, schwände | geschwunden
schwinge, schwingest, schwingt | schwinge | schwang, schwänge | geschwungen
schwöre, schwörst, schwört | schwöre | schwur, schwor; schwüre, schwöre | geschworen

sehe, siehst, sieht | sieh | sah, sähe | gesehen
siede, siedest, siedet | siede | sott, sötte | gesotten
singe, singst, singt | singe | sang, sänge | gesungen
sinke, sinkst, sinkt | sinke | sank, sänke | gesunken
sinne, sinnst, sinnt | sinne | sann, sänne | gesonnen
sitze, sitzest, sitzet und sitzt | sitze | saß, säße | gesessen
speie, speiest, speit | speie | spie, spiee | gespieen
spinne, spinnst, spinnt | spinne | spann, spännte; spönne | gesponnen

spreche, sprichst, spricht | sprich | sprach, spräche | gesprochen
sprieße, sprießest, sprießt | sprieße | sproß, sprösse | gesprossen
springe, springst, springt | springe | sprang, spränge | gesprungen
steche, stichst, sticht | stich | stach, stäche | gestochen
stehe, stehst, steht | stehe | stand, stände | gestanden
stehle, stiehlst, stiehlt | stiehl | stahl, stähle, stöhle | gestohlen

steige, steigst, steigt | steige | stieg, stiege | gestiegen
sterbe, stirbst, stirbt | stirb | starb, stürbe, stärbe | gestorben

stoße, stößt, stößt | stoße | stieß, stieße | gestoßen
streiche, streichst, streicht | streiche | strich, striche | gestrichen
streite, streitest, streitet | streite | stritt, stritte | gestritten
thue, thust, thut | thue | that, thäte | gethan
trage, trägst, trägt | trage | trug, trüge | getragen
treffe, triffst, trifft | triff | traf, träfe | getroffen
treibe, treibst, treibt | treibe | trieb, triebe | getrieben
treten, trittst, tritt | tritt | trat, träte | getreten
triefe, triefest und triefst, trieft | triefe | troff, tröffe | getroffen
trinke, trinkst, trinkt | trinke | trank, tränke | getrunken
trüge, trügst, trügt | trüge | trog, tröge | getrogen
verderbe, verdirbst, verdirbt | verdirb | verdarb, verdürbe; verdärbe | verderben

verdrieße, es verdrießt		es verdroß, ver- brösse	verdroffen
vergesse, vergissest und ver- gißt, vergißt	vergiß	vergaß, vergäße	vergessen
verliere, verlierst, verliert	verliere	verlor, verlöre	verloren
verzeihe, verzeihst, verzeiht	verzeihe	verzieh, verziehe	verziehen
wachse, wächsest und wächst, wächst	wachse	wuchs, wuchse	gewachsen
wasche, wäschest und wäschst, wäschst	wasche	wusch, wüsche	gewaschen
webe, webest, webt	webe	wob, wöbe	gewoben
weiche, weichest und weichst, weicht	weiche	wich, wiche	gewichen
weise, weisest, weiset und weist	weise	wies, wiese	gewiesen
werbe, wirbst, wirbt	wirb	warb, wörbe; wärbe	geworben
werfe, wirfst, wirft	wirf	warf, würfe; wärfe,	geworfen
wiege, wiegst, wiegt	wiege	wog, wöge	gewogen
winde, windest, windet	winde	wand, wände	gewunden
ziehe, ziehst, zieht	ziehe	zog, zöge	gezogen
zwinge, zwingst, zwingt	zwinge	zwang, zwänge	gezwungen.

Bemerkungen.

153. **Bewegen** wird nur in der Bedeutung veranlassen stark konjugiert.

154. **Biegen** hatte, wie sämtliche Verba der sechsten Klasse, früher in der zweiten und dritten Person des Singularis Präsentis und im Singular des Imperativs eu statt ie, z. B. du beugst, er beugt; er fleußt, geuß. Wir sagen noch: was da kreucht und fleugt.

155. **Braten** wird auch schwach gebraucht, doch sagt man stets gebraten.

156. **Dingen** bildet gewöhnlich das Präteritum schwach (dingte) und das Participium Präteriti stark (gedungen). Von bedingen wird bedingt und bedungen in verschiedener Bedeutung gebraucht. Man sagt: ein bedingtes (eingeschränktes) Lob und ein bedungener (ausgemachter) Preis.

157. **Dreschen** wird auch schwach gebraucht.

Erschrecken in der Bedeutung Schrecken einjagen ist schwach.

158. **Laden** vereinigt in seiner Konjugation zwei ursprünglich verschiedene Verba in sich: lade, lud, geladen, d. h. belaste,

und labe, labete, gelabet, d. h. rufe zu mir. Die starke Form ist jetzt in beiden Bedeutungen die übliche.

159. **Pflegen** ist stark in der Bedeutung etwas mit Eifer betreiben, z. B. Umgang pflegen, Rats pflegen; schwach in der Bedeutung gewohnt sein und verpflegen.

160. **Quellen, schwellen** und **schmelzen** sind in der Bedeutung quellen, schwellen, schmelzen, machen schwach, doch läßt schmelzen auch dann die starke Form zu.

161. **Schaffen** ist schwach in der Bedeutung ausrichten.

162. **Schleifen** wird nur in der Bedeutung schärfen stark gebraucht. Das Messer wird geschliffen, eine Festung wird geschleift.

163. **Schwären** bildet neben schwor und schwöre infolge einer Vermischung mit schwören die Formen schwur und schwüre.

164. **Schwören** hat außer schwur und schwüre infolge der Vermischung mit schwären auch die Formen schwor und schwöre.

165. **Verberben** wird in der Bedeutung vernichten gewöhnlich schwach konjugiert, läßt aber auch starke Formen zu, z. B. du hast mir die Feder verdorben.

166. **16) Die schwachen Verba.**

Die schwachen Verba sind entweder von starken Verbis oder von anderen Redeteilen abgeleitet oder aus fremden Sprachen entlehnt, z. B. senken (von sinken), sitzen (von setzen), fällen (von fallen); donnern (von Donner), träumen (von Traum), rauben (von Raub); grünen (von grün), zähmen (von zahm), öffnen (von offen); äußern (von außer); regieren (von regere), opfern (von offerre), kosten (von constare), predigen (von praedicare), passieren (von passer).

Nur **schreiben** (von scribere), **pfeifen** (von pipare) und **preisen** (von pretium) sind stark.

167. Die Verba:

sende,	sendete und sandte,	gesendet und gesandt
wende,	wendete und wandte,	gewendet und gewandt
renne,	rannte,	gerannt
kenne,	kannte,	gekannt
nenne,	nannte,	genannt
brenne,	brannte,	gebrannt

gehören zur schwachen Konjugation. Das e in ihrem Präsens ist ein alter Umlaut von a (statt unseres heutigen ä), welches im Präteritum und Partic. Prät. wieder eintritt. Diese Art des Umlauts heißt Rückumlaut.

Die schwachen Verba erhalten niemals den Umlaut, wenn sie 168.
diesen nicht schon in der ersten Person Präsentis haben, wie sägen,
hören, fühlen, zäumen. Daher sagt man: du fragst, er fragt.
Das Verbum fragen hat im Präteritum fragte; die Form 169.
frug ist nach einer falschen Analogie gebildet.
Abweichende Bildungen haben: 170.
Bringe, brachte, brächte, gebracht, bringen.
Denke, dachte, dächte, gedacht, denken; mich dünkt, mich
deuchte, mich hat gedeucht.

17) Das Adverbium. 171.

Die Adverbia oder Umstandswörter dienen zur
näheren Bestimmung der Verba und Adjectiva, z. B. der Vogel
singt schön; ein sehr munterer Knabe.

Zu einem Adverbium kann wieder ein Adverbium als nähere 172.
Bestimmung hinzutreten, z. B. Dann strömte himmlisch helle
des Jünglings Stimme vor.

Die Adverbia haben entweder die unveränderliche Form der 173.
Adjectiva, z. B. gut, schön, hart, oder sie sind besondere Bildungen
von Adjectiven, Substantiven, Fürwörtern, Zahlwörtern und
Verben; z. B. von Adjectiven: blindlings, kühnlich, anders, rechts,
fürwahr, überall; von Substantiven: morgens, abends, teils,
unterwegs, mit Absicht, absichtlich, bergauf; von Fürwörtern: da,
dann, so; von Zahlwörtern: einmal, zum ersten, erstens; von
Verben: bedeutend, hoffentlich; geschweige, (d. h ich schweige still
davon), sieh!

18) Präpositionen. 174.

Die Präpositionen (Vorwörter, Verhältniswörter) bezeichnen
Verhältnisse des Ortes, der Zeit, des Grundes und der Art und
Weise.

Zu Worms an dem Rheine. Vor vielen hundert
Jahren. Vor Schmerzen, vor Freude, vor Behagen.
Durch Ausdauer läßt sich viel erreichen.

Die Präpositionen drücken häufig auch attributive und objektive 175.
Beziehungen aus. Siehe hierüber § 197 § 200.

Die Präpositionen regieren bestimmte Kasus und zwar 1) den
Genetiv, 2) den Genetiv und den Dativ, 3) den Dativ, 4) den
Accusativ, 5) den Dativ und den Accusativ.

Präpositionen mit den Genetiv und Präpositionen mit dem 176.
Genetiv und Dativ.

Unweit, mittels, kraft und während,
laut, vermöge, ungeachtet,
oberhalb und unterhalb,

innerhalb und außerhalb,
diesseit, jenseit, halben, wegen,
statt, auch längs, zufolge, trotz
stehen mit dem Genetiv.
Doch zu merken wichtig ist,
daß bei längs, zufolge, trotz
auch der Dativ richtig ist.
Außer mittels sagt man auch mittelst.

177. Präpositionen mit dem Dativ.
Schreib mit, nach, nächst, nebst, samt, bei,
seit, von, zu, zunächst, zuwider,
gemäß, entgegen, außer, aus
stets mit dem Dativ nieder.

178. Präpositionen mit dem Accusativ.
Durch, für, ohne, um,
sonder, gegen, wider.

179. Präpositionen mit dem Dativ und dem Accusativ.
An, auf, hinter, neben, in,
über, unter, vor und zwischen.

180. **18) Die Konjunktionen.**

Die Konjunktionen oder Bindewörter verknüpfen Begriffe und Gedanken mit einander.

Mann und Maus. Stumpf und Stiel. Thue recht und scheue niemand.

Die Konjunktionen werden eingeteilt in
beiordnende (koordinierende)
  a. anreihende (kopulative): und, auch, zudem, außerdem, überdies, dann, sowohl — als auch, nicht nur — sondern auch, weder — noch, teils — teils, darauf, ferner, endlich, nämlich;
  b. entgegenstellende (adversative), aber, allein, doch, jedoch, dennoch, hingegen, gleichwohl, dessenungeachtet, nichtsdestoweniger, sondern, entweder — oder, sonst.
  c. begründende (kausale): denn, daher, deswegen, deshalb, darum, mithin, also, folglich, somit.
unterordnende (subordinierende):
  während, indem, nachdem, sobald, ehe, bevor (Zeit); wie, sowie, gleichsam wie, als ob, je — desto (Vergleichung); daß (Folge); da, weil (Grund); wenn, wofern (Bedingung); obgleich, obschon, wenn auch (Einräumung); damit, auf daß (Zweck).

19) Interjektionen.

Die Interjektionen oder Empfindungswörter drücken ein Gefühl 181. (Verwunderung, Freude, Schmerz, Abscheu) aus oder ahmen einen Naturlaut nach.

Ei, ah, juchhe, hurra, hei, au, ach, pfui, piff, paff, puff, klipp, klapp, patsch, klatsch.

III. Satzlehre.

Hoc uno praestamus vel maxime feris, quod conloquimur inter nos et quod exprimere dicendo sensa possumus. Cicero.

1) Subjekt und Prädikat. 182.

Ein Satz ist ein in Worten ausgedrückter Gedanke.
Der Satz hat zwei Teile, das Subjekt und das Prädikat.
Das Subjekt ist der Hauptgegenstand im Satze, von dem etwas ausgesagt wird.
Das Subjekt steht auf die Frage wer? oder was? im Nominativ.
Das Prädikat ist dasjenige, was von dem Subjekte ausgesagt wird.
Das Subjekt ist also ein Nominativ und das Prädikat die auf diesen Nominativ bezügliche Aussage.

Das Subjekt wird insgemein durch ein Substantivum oder 183. ein Pronomen ausgedrückt. Doch finden sich auch andere Redeteile als Subjekt, z. B. der substantivisch gebrauchte Infinitiv, das Adjectivum u. a. m.

Irren ist menschlich. Grün ist eine Farbe. So ist ein Adverbium. Von regiert den Dativ.

Das Pronomen es bezeichnet ein unbestimmtes Subjekt bei unpersönlichen Verbis, z. B. es regnet, es blitzt, es friert mich; bei andern Verbis deutet es das folgende bestimmte Subjekt an.

Es ist heute Sonntag. Es heult der Sturm, es braust das Meer. Es führen viele Wege nach Rom.

Das Prädikat ist immer ein Verbum. Doch steht als 184. Hauptbegriff des Prädikats auch das Substantivum, das Adjectivum und das Adverbium. Diese Redeteile werden dann mit dem Subjekt durch das Hilfszeitwort sein (Kopula) verbunden und prädikativ genannt.

Hans Sachs war ein Dichter. Die Kunst ist lang. Der Krieg ist vorbei.

Der Hauptbegriff des Prädikats wird auch schlechthin, namentlich beim Konstruieren, Prädikat genannt. So bezeichnet man z. B. in dem Satze: Da sprengten plötzlich in die Quer fünfzig türkische Reiter daher, das Verbum sprengten daher als Prädikat,' weil es den Hauptbegriff der ganzen Aussage bildet.

185. Das prädikative Substantiv steht entweder im Nominativ oder im Genetiv (prädikativer Genetiv) oder in einem von einer Präposition abhängigen Kasus. Die letzten beiden Ausdrucksweisen vertreten ein prädikatives Adjektiv.
Solon war ein athenischer Gesetzgeber. Wir sind eines Alters (gleich alt). Der Ring ist von Gold (golden).

186. Das prädikative Adjectiv ist unveränderlich.
Vergleiche: der Vater ist gut, pater est bonus, le père est bon. die Väter sind gut, patres sunt boni, les pères sont bons. Die Mutter ist gut, mater est bona, la mère est bonne. die Mütter sind gut, matres sunt bonae, les mères sont bonnes. Das Denkmal ist prächtig, monumentum est magnificum, die Denkmäler sind prächtig, monumenta sunt magnifica.
Das prädikative Adverbium ist durch die Auslassung eines Participiums zu erklären.
Der Sturm ist vorüber (d. h vorüber gegangen).

2) Einteilung der Sätze.

187. Die Sätze werden eingeteilt nach der Art des Gedankens, den sie ausdrücken, in:
Behauptungssätze,
Fragesätze,
Wunschsätze,
Befehlssätze.
Sparen ist ein großer Zoll. Karl der Große kam im Jahre 768 zur Regierung. — Wo hat Hermann den Varus geschlagen? Wie viel Provinzen enthält der preußische Staat? — Ach wären wir weiter! Ach wär' ich zu Haus! — Lerne dich selbst erkennen!

188. Zur Wortfolge. In Behauptungssätzen folgt das Prädikat auf das Subjekt, wenn dieses den Satz beginnt.
Der König Karl fuhr über Meer mit seinen zwölf Genossen.
Wenn aber ein anderes Wort als das Subjekt an die Spitze des Satzes tritt, so wird das Subjekt hinter das Prädikat gesetzt. Diese Wortfolge heißt die invertierte (umgekehrte) Wortfolge oder Inversion.
Zum heil'gen Lande steuert er und ward vom Sturm verstoßen. Gegen Markomannenfürsten stritt der Kaiser Marc Aurel. Zu Aachen in seiner Kaiserpracht im altertümlichen Saale saß König Rudolfs heilige Macht beim festlichen Krönungsmahle.

Die Fragesätze haben die Inversion, außer wenn das Subjekt ein Fragewort ist.

Hast du das Schloß gesehen, das hohe Schloß am Meer? Was steht der nordschen Fechter Schaar hoch auf des Meeres Bord? Was will in seinem grauen Haar der blinde König dort? — Was hat man dir, du armes Kind, gethan? Wer reitet so spät durch Nacht und Wind? Wer wagt es, Rittersmann oder Knapp, zu tauchen in diesen Schlund?

189. Ein Satz, welcher für sich allein einen Gedanken ausdrückt, wird **Hauptsatz** genannt.

Ein Satz, welcher einen Gedanken mit Beziehung auf einen Hauptsatz ausdrückt und den Hauptsatz erweitert, wird **Nebensatz** genannt.

Sätze, welche dem Gedanken nach vollständig, der Form nach unvollständig sind, werden **elliptische Sätze** oder **Ellipsen** genannt.

(Guten Tag! Ich wünsche guten Tag.) Willkommen! Um Vergebung! Zur Sache! Gesagt, gethan. (Kaum war es gesagt, so war es auch schon gethan.) Besser spät, als gar nicht.

190. Die Sätze werden ferner eingeteilt **nach der Art ihres Baues und ihrer Gliederung in einfache und zusammengesetzte Sätze**.

3) Der einfache Satz.

191. Der einfache Satz ist ein solcher Satz, welcher nur **ein Subjekt und ein Prädikat** enthält.

Die einfachen Sätze zerfallen in nackte und erweiterte Sätze.

Ein **nackter Satz** ist ein solcher, welcher **nur die notwendigsten Subjekts- und Prädikatsbestimmungen** enthält.

Sieh! (das Subjekt ist durch die Verbalform angedeutet). Träume sind Schäume. Waffen klirren. Wogen rauschen.

4) Der erweiterte Satz.

192. Tritt zu dem Subjekt oder dem Prädikat eines nackten Satzes eine nähere Bestimmung hinzu, so wird der Satz ein erweiterter.

Nackter Satz:
    Landleute pflügen.
Erweiterte Sätze:
    Die fleißigen Landleute pflügen.
    Die fleißigen Landleute pflügen den Acker.
    Die fleißigen Landleute pflügen sorgfältig den Acker.

Die näheren Bestimmungen oder Erweiterungen heißen **Attribute, Objekte und adverbiale Bestimmungen**.

193. 1. Die Attribute.

Als Attribute werden gebraucht:
1) das Adjectivum,
2) das Pronomen,
3) das Numerale,
4) das Participium,
5) das Substantivum.

Der liebe Gott. Mein Freund. Drei Könige zu Heimsen. Die schwebenden Gärten. Das gelobte Land. Wilhelm der Eroberer. Der Artikel wird als ein Pronomen angesehen. Vergl. 32.

Das Substantivum oder der substantivisch gebrauchte Redeteil, welcher durch Attribute erweitert wird, heißt Beziehungswort.

Die Attribute können zu einem jeden Substantiv im Satze treten.

194. Das attributive Adjectivum steht vor seinem Beziehungswort und ist dann veränderlich.

Abweichungen: Klein Roland, blau Veilchen, gut Freund.

Das attributive Adjectivum steht nach seinem Beziehungswort und ist dann unveränderlich.

Ein Edelknecht, sanft und keck, tritt aus der Knappen zagendem Chor. Stolze Roma, Weltbeherrscherin, hehr und siegreich, groß und stark vor allen, ist auch dir das schwarze Los gefallen?

195. Das attributive Substantivum steht entweder in demselben Kasus wie sein Beziehungswort und heißt dann Apposition, oder im Genetiv (attributiver Genetiv), oder es steht in einem von einer Präposition abhängigen Kasus.

Da sprach Herr Karl, der starke Held. Wir lesen die Gesänge Homers, eines griechischen Dichters. Zu Dionys, dem Tyrannen, schlich Möros, den Dolch im Gewande. Roland das Schwert zur Seite band. Herrn Milons starkes Waffen. — Der Garten des Fürsten. Die Erfindung der Buchdruckerkunst. Das ist der Hut von Oestreich. Graf Richard ohne Furcht und Tadel. Hans im Glücke. Ein Mann von echtem Schrot und Korn.

196. Zur Interpunktion. Die Apposition wird durch Interpunktionszeichen von den anderen Satztheilen getrennt, außer wenn sie mit ihrem Beziehungsworte einen Begriff bildet.

Das Lied vom braven Mann, ein Gedicht Bürgers, beruht auf einer wirklichen Begebenheit. Wie verließet ihr Frau Gertrud, eure angenehme Wirthin? Sieh dieses Bild, die Kreuzigung Christi! Zum Kampf der Wagen und Gesänge zog Ibykus, der Götterfreund.

Eduard der Bekenner. Friedrich der Große. Graf Eberhard der Greiner.

2. Die Objekte.

197. Die Objekte sind notwendige Erweiterungen oder Ergänzungen eines Verbums oder Adjectivums. Der Satz: der Feldherr erobert giebt keinen vollständigen Gedanken, da das Verbum erobern noch eine Ergänzung (auf die Frage was?) verlangt. Diese Ergänzung (die Stadt) heißt Objekt.

Der Feldherr erobert die Stadt. Jeder Arbeiter ist seines Lohnes wert.

Man sagt: der Akkusativ die Stadt wird von erobert regiert, der Genitiv seines Lohnes wird von wert regiert und erobern regiert den Akkusativ, wert regiert den Genitiv.

198. Die Objekte bei Verben und Adjectiven stehen
1) im Akkusativ,
2) im Genetiv,
3) im Dativ,
4) in einem von einer Präposition abhängigen Kasus.

Die Unschuld hat im Himmel einen Freund. Untreue schlägt ihren eignen Herrn. Wir bedürfen deines Rates. Dem Mutigen gehört die Welt. Wir glauben all an einen Gott. Einen Tag alt. Die Erde ist voll der Güte des Herrn. Dem Vater ähnlich. Sei mit Wenigem zufrieden.

Diejenigen Verba, welche den Akkusativ regieren, nennt man transitive, alle übrigen intransitive Verba. Verba, welche mit dem reflexiven Fürwort verbunden werden, heißen reflexive Verba, z. B. sich bedenken, sich freuen, sich irren.

199. 1) Den Akkusativ regieren die mit **be-, durch, hinter,** über, unter, um untrennbar zusammengesetzten Verba, wie bewirken, durchreisen, hintergehen, überfallen, unterrichten, umarmen. Ausnahmen: begegnen (Dativ), beharren, beruhen, bestehen (auf einer Sache).

200. Den Akkusativ regieren die kausativen Verba, d. h. solche, die eine Handlung bezeichnen, welche die Ursache (causa) einer andern Handlung wird, z. B. fällen b. i. Ursache sein, daß einer fällt, fallen machen; senken, sprengen, kürzen, heizen.

201. Den Akkusativ regieren ferner die unpersönlichen Verba:

es dauert	es kümmert	
es dünkt	es reut	
es dürstet	mich	es schaudert	mich
es freut	es schläfert	
es friert	es schmerzt	

es gelüstet }   es verdrießt }
es jammert   } mich   es verlangt   } mich
es hungert   }   es wundert   }
es ekelt und widert mich an.

202. Ein doppelter Akkusativ, ein Akkusativ des Objekts und ein Akkusativ des Prädikats, steht bei den Verben: nennen, heißen, schelten, schimpfen, taufen, lehren, (docere aliquem aliquam rem). Statt des Akkusativs des Prädikats tritt bei mehreren Verben ein präpositioneller Ausdruck ein.

Die Römer erwählten den Numa zum König. Vergl. damit: Romani Numam regem creaverunt.

203. Das unpersönliche es giebt mit dem Akkusativ, welches das Vorhandensein, die Existenz bezeichnet, drückte ursprünglich das Entstehen und Hervorgebrachtwerden aus. Es giebt in diesem Jahre einen guten Wein — ist soviel als die Trauben geben einen guten Wein.

Es giebt einen Gott (Est deus). Es giebt böse Geister, die in des Menschen unverwahrter Brust sich augenblicklich ihren Wohnsitz nehmen.

204. Den Akkusativ erfordern auch die Adjectiva lang, breit, hoch, tief, schwer, entfernt, alt, wert.

Das Adj. wert hat den Akkusativ, wenn es den Preis einer Sache ausdrückt (einen Thaler wert), keinen Heller wert, den Genetiv, wenn es eine Schätzung im allgemeinen bezeichnet (eine Liebe ist der andern wert), den Dativ in der Bedeutung teuer, angenehm (Ihr seid mir alle lieb und wert).

205. 2) Den Genetiv regieren die Verba bedürfen, ermangeln, gedenken, harren, ferner mehrere reflexive Verba, wie sich anmaßen, bedienen, bemächtigen, enthalten, erinnern, schämen u. a. m. Mehrere Verba haben den Genetiv in der edleren Sprache, den Akkusativ in der gewöhnlichen Rede, z. B. bedürfen, begehren, brauchen, erwähnen, hüten, pflegen, schonen, vergessen.

Einige Verba haben neben dem Akkusativ der Person einen Genetiv der Sache: anklagen, beschuldigen, überführen (vergl. hiermit die lateinischen Verba accusare, arguere, convincere), berauben, würdigen u. a.

Den Genetiv regieren die Adjectiva: bedürftig, bewußt, eingedenk, uneingedenk, fähig, mächtig, müde, überdrüssig, würdig, wert.

206. Unabhängige Genetive:

1) Unabhängige Substantiva mit und ohne Attribut: Sonntags, namens, abends, morgens, meines Wissens, gerades Weges, ebener Erde.

2) **Unabhängige Participia** (genetivi absoluti): stehenden Fußes, will eilenden Fußes vorüberfliehn, unverrichteter Sache.

3) Den Dativ regieren viele intransitive Verba, wie banken, 207. dienen, folgen, gehorchen, helfen, scheinen, trauen, gewinnen, antworten, begegnen, gefallen, beistehen, nachstellen.

Ein Dativ der Person steht bei transitiven Verben, wie bei: bringen, geben, gewähren, liefern, melden, raten, schenken, stehlen, glauben, verbieten, versprechen.

Der Dativ steht bei Adjectiven, wie ähnlich, angenehm, bekannt, bewußt, fremd, geneigt, gnädig, treu, gehorsam.

4) Ein von einer Präposition abhängiger Kasus steht als 208. Objekt bei den Verbis: trachten (nach etwas), denken, glauben, sich gewöhnen (an etwas), vertrauen, rechnen, trotzen, zählen (auf etwas), herrschen, siegen, zürnen (über etwas) ꝛc. Ferner bei Adjectiven wie: begierig (nach etwas).

3) Die adverbialen Bestimmungen.

Die adverbialen Bestimmungen erweitern sowohl 209. Verba als auch Adjectiva; sie sind entweder reine Adverbia wie gestern, ernstlich, oder adverbiale Ausdrücke, wie am gestrigen Tage, mit Ernst.

Sie werden eingeteilt in adverbiale Bestimmungen:

1) des Ortes. Wo? Woher? Wohin? 210.
So kann ich hier nicht ferner hausen. Ich komme vom Gebirge her. Auf, in's Feld! Es geht zum Siege, Krieger, gen Valentia.

2) der Zeit. Wann? Seit wann? Wie lange? 211.
Der brave Mann denkt an sich selbst zuletzt. Einst stand in alten Zeiten ein Schloß, so hoch und hehr. Seit den Wiener Verträgen sind die Rheinlande mit Preußen vereinigt. Der funfzigjährige Friede des Nicias währte nur sechs Jahre.

3) der Art und Weise. Wie? In welchem Grade? 212. Wie oft?
Lieblich tönt der Schall der Glocken. Die Erde gab alles freiwillig her. Das hört der Gastfreund mit Entsetzen. Die Niederländer schützten sich durch Dämme gegen ihren Ocean. Sogar der Weiseste kann irren. Einmal ist dem Menschen zu sterben gesetzt.

213. **4) des Grundes, des Zweckes.**
Sie weinten vor Schmerzen und Freude. Aus Furcht gehorcht der Sklave, nicht der freie Mann. Der Wolf ging auf Raub aus.

5) Der zusammengesetzte Satz.

214. Ein **zusammengesetzter Satz** entsteht, wenn mehrere Sätze zu einem Ganzen verbunden werden.

Die miteinander verbundenen Sätze sind entweder lauter **Hauptsätze** und werden **beigeordnete** genannt, oder sie bestehen aus einem Hauptsatze und einem Nebensatze, dann heißen sie einfach **über- und untergeordnete Sätze** und bilden ein **Satzgefüge**.

Sätze, welche mehr als einen Hauptsatz und einen Nebensatz enthalten, werden **mehrfach bei- und untergeordnete** genannt.

Der Knecht hat erstochen den edlen Herrn, der Knecht wär selber ein Ritter gern. Zögernd kommt die Zukunft hergezogen, pfeilschnell ist das Jetzt entflogen, ewig still steht die Vergangenheit. Möchtest du beglückt und weise endigen des Lebens Reise, nimm die Zögernde zum Rat, nicht zum Werkzeug deiner That.
Der König wollte am 26. August (bei Zorndorf) den Kampf förmlich erneuern; allein der Mangel an Munition bei der Infanterie und die große Abmattung der Kavallerie, die mit Anstrengung aller ihrer Kräfte gefochten hatte, machten der Schlacht notwendig ein Ende und verschafften den Russen Gelegenheit, einen Ausweg aus ihrem Labyrinth zu finden.

I. Die beigeordneten Sätze.

215. Die beigeordneten Sätze stehen entweder ohne äußere Verbindung neben einander und bilden allein durch den Gedankenzusammenhang ein Ganzes, oder sie werden durch Pronomina oder die beiordnenden Konjunktionen (s. 178) mit einander verbunden.
Friede ernährt, Unfriede verzehrt. Der Mensch denkt, Gott lenkt. Der Wahn ist kurz, die Reue ist lang.
Es giebt zwei Vögel, sie sind bekannt, sie heißen Habich und Hättich. Ein Gebäude steht da von uralten Zeiten, es ist kein Tempel, es ist kein Haus. Den Schiffer im kleinen Schiffe ergreift es mit wildem Weh, er schaut nicht die Felsenriffe, er schaut nur hinauf in die Höh'.
Versuche deine Pflicht zu thun, und du weißt gleich, was an dir ist. Das Leben ist der Güter höchstes nicht; der Übel größtes aber ist die Schuld. Lehre bildet Geister, doch Übung macht den Meister. Lerne nur das Glück ergreifen, denn das Glück ist immer da.

Zur Interpunktion. Die beigeordneten Sätze werden 216. durch Kommata von einander getrennt. Doch setzt man vor die adversativen und kausalen Konjunktionen ein Semikolon, wenn der angeführte Gegensatz oder Grund besonders stark hervorgehoben werden soll.

Ein Kranz ist gar leicht zu winden; doch schwer dazu ein würdig Haupt zu finden. Vieles wünscht sich der Mensch, und doch bedarf er nur wenig; denn die Tage sind kurz und beschränkt der Sterblichen Schicksal.

In einem mehrfach erweiterten Satze werden die nebengeordneten Sätze durch das Semikolon getrennt.

Der zusammengezogene Satz.

Wenn zwei oder mehrere beigeordnete Sätze ein Satzglied, das 217. Subjekt, das Prädikat oder eine Erweiterung gemeinsam haben, so werden sie zu einem Satze verbunden, indem das gemeinsame Satzglied nur einmal gesetzt wird; ein solcher Satz heißt ein zusammengezogener.

Alles rennet, rettet, flüchtet. (Alles rennet, alles rettet, alles flüchtet).
Selten wird das Treffliche gefunden, seltener geschätzt.
Lust und Liebe sind Fittiche zu großen Thaten.
Nicht viele, sondern wenige und herzliche Worte sind dem allwissenden Kenner unserer Gedanken angenehm.

Zur Interpunktion. Wenn zu einem Substantivum 218. mehrere Attribute hinzutreten, werden sie durch Kommata von einander getrennt.

Die fleißige, geschickte Hand erwirbt sich Brot in jedem Land.
Ich fand ein Bett zu süßer Ruh auf weichen, grünen Matten.

Doch fällt das Komma vor dem zuletzt aufgeführten Adjectivum fort, wenn dieses mit dem Beziehungsworte einen Begriff ausmacht.

Ein würdiger alter Mann (= ein würdiger Greis). Von dem größten deutschen Sohne (= von dem größten Deutschen).

Pronomina und Numeralia werden von einem folgenden Adjectiv nicht durch Interpunktionszeichen getrennt.

Mein alter Freund, viele deutsche Fürsten, drei neue Fabeln.

II. Die einfach über= und untergeordneten Sätze. 219.

Wenn das Subjekt, ein Attribut, ein Objekt oder eine adverbiale Bestimmung eines einfachen Satzes wieder zu einem Satze erweitert wird, dann entsteht ein Nebensatz. Der Nebensatz ist dem so erweiterten Hauptsatze untergeordnet.

Wer lügt, stiehlt auch (der Lügner stiehlt auch).

Du sprichst von Zeiten, die vergangen sind (von vergangenen Zeiten).
Segnet, die euch fluchen (die euch Fluchenden).
Wenn es Frühling wird, kehrt die Lerche wieder (beim Beginn des Frühlings kehrt die Lerche wieder).

220. Derjenige Satz, gleichviel ob Hauptsatz oder Nebensatz, welcher dem andern vorangeht, heißt **Vordersatz**, der folgende **Nachsatz**.
Ein Nebensatz, welcher vom Hauptsatze eingeschlossen wird, heißt **Zwischensatz**.
Wer Wind säet (**Vordersatz**), wird Sturm ernten (**Nachsatz**).
Der Major Schill, welcher sich mit seinem Regimente nach Stralsund geworfen hatte (**Zwischensatz**), wollte diese Stadt zu einem zweiten Saragossa machen.

221. Da die Satzteile, aus welchen Nebensätze entstehen, entweder Substantiva (Subjekt, Objekt) oder Adjectiva (Attribute) oder Adverbia (adverbiale Bestimmungen) sind, so teilt man die Nebensätze ein in **Substantivsätze, Adjektivsätze** und **Adverbialsätze**.
Wer gar zu viel bedenkt, wird wenig leisten. Wer besitzt, lerne verlieren. Was Häuschen versäumet, holt Hans nicht mehr ein. Nicht an Güter hänge dein Herz, die das Leben vergänglich zieren. Unsicher, los und wandelbar sind alle Bande, die das leichte Glück geflochten.
Gott hilft nur dann, wenn Menschen nicht mehr helfen. Wo rohe Kräfte sinnlos walten, da kann sich kein Gebild gestalten.

222. **Zur Interpunktion.** Die Nebensätze werden durch das Komma vom Hauptsatze getrennt.
Derjenige, der sich mit Einsicht für beschränkt erklärt, ist der Vollkommenheit am nächsten. Wem viel gegeben ist, von dem wird man auch viel fordern.

1) Die Substantivsätze.

Die Substantivsätze sind:

223. 1) **Behauptende Substantivsätze.** Diese drücken entweder einen einzelnen Begriff oder einen Gedanken, eine Behauptung, aus.
Wer die Wahl hat (der Wählende), hat auch die Qual.
Bekannt ist, daß Friedrich der Große mit Vorliebe französisch sprach und schrieb.
Das Kennzeichen der behauptenden Substantivsätze ist das Relativum (**welcher, wer, was**), die Konjunktion **daß** und der Infinitiv. Die mit dem Infinitiv gebildeten Substantivsätze nennt man **verkürzte**.
Früh übt sich, wer ein Meister werden will. Wes das Herz voll ist, des geht der Mund über. Versprich nicht etwas, was du nicht halten kannst. Verordnet ist im englischen Gesetz,

daß jeder Angeklagte durch Geschworne von seinesgleichen soll gerichtet werden. Wahrheitsliebe zeigt sich darin, daß man überall das Gute zu finden und zu schätzen weiß.

Verkürzte Substantivsätze. 224.

Wir wünschen, dich bei uns zu sehen (daß wir dich bei uns sehen). Es ist thöricht, die Fehler anderer zu tadeln und die eigenen zu übersehen. Gefährlich ist's, den Leu zu wecken.

Der Infinitiv ohne die Präposition zu, auch wenn er ein Objekt bei sich hat, gilt als Substantivum. Der Satz wird dann als einfacher angesehen.

Irren ist menschlich. Der Weisheit Höchstes ist sich selbst erkennen.

2) **Fragende Substantivsätze** (indirekte oder abhän= 225. gige Fragesätze).

Wie Kirschen und Beeren schmecken, muß man Kinder und Sperlinge fragen. (Unabhängig oder direkt: Wie schmecken Kirschen und Beeren?) Der Mensch frage sich, wozu er am besten tauge. Ich weiß nicht, ob du gestern zu Hause warst. Als Philipp den Spartanern drohte, sie an allem zu hindern, was sie unternehmen würden, fragten sie ihn, ob er sie auch hindern würde zu sterben.

3) **Anführende Substantivsätze.** Diese sind entweder 226. direkt, wenn sie die Aussage der als sprechend eingeführten Person mit deren eigenen Worten wiedergeben, oder indirekt, wenn die Aussage ihrem Inhalte nach erzählungsweise berichtet wird.

„Die Gefahr ist noch nicht vorüber", sagte der Astrolog mit prophetischem Geiste. „Sie ist es", sagte der Herzog, der an dem Himmel selbst seinen Willen wollte durchgesetzt haben. „Aber daß du mit nächstem wirst in den Kerker geworfen werden", fuhr er mit gleich prophetischem Geiste fort, „das, Freund Seni, steht in den Sternen geschrieben. (Direkt).

Jean Paul sagt von Luther: Seine Worte sind halbe Schlachten. (Direkt). Jean Paul sagt von Luther, seine Worte seien (wären) halbe Schlachten. (Indirekt).

„Konntest du dich vermessen", sagte die Kurfürstin zu Friedrich von der Pfalz, „die Hand einer Königstochter anzunehmen, und dir bangt vor einer Krone, die man dir freiwillig bringt? Ich will lieber Brot essen an deiner königlichen Tafel, als an deinem kurfürstlichen Tische schwelgen." (Direkt).

Die Kurfürstin sagte zu Friedrich von der Pfalz, er habe sich vermessen können, die Hand einer Königstochter anzunehmen, und ihm bange vor einer Krone, die man ihm freiwillig bringe. Sie wolle lieber Brot essen an seiner königlichen Tafel, als an seinem kurfürstlichen Tische schwelgen. (Indirekt).

227. Die indirekt anführenden Substantivsätze nennt man die **indirekte Rede** (oratio obliqua). Sie enthält **Behauptungs-, Frage-, Befehls- und Wunschsätze.**

Über Luthers Rede auf dem Reichstag zu Worms sagen Ohrenzeugen, sie sei fein sittig, züchtig und bescheiden, doch auch von großer christlicher Frömmigkeit und Beständigkeit gewesen. (**Behauptung**).

Die Weide fragte einst den Dornstrauch, warum er nach den Kleidern der vorbeigehenden Menschen so begierig sei, was er damit wolle. (**Frage**).

Als Alexander der Große den Philosophen Diogenes aufforderte, sich eine Gnade auszubitten, antwortete dieser, er möchte ihm ein wenig aus der Sonne gehen. (**Befehl**).

Über die Genügsamkeit des Philosophen erstaunt, sagte der König, wenn er nicht Alexander wäre, möchte er Diogenes sein. (**Wunsch**).

Der Modus ist stets der Konjunktiv, wenn, wie in den voranstehenden Beispielen, die einleitende Partikel (daß) fortbleibt. Ist dies nicht der Fall, so kann der Indikativ mit dem Konjunktiv abwechseln ohne wesentliche Änderung des Sinnes.

Der Bote meldet, { daß der Feind abzieht.
{ daß die Feinde abziehen.

Der Bote meldet, { daß der Feind abziehe.
{ daß die Feinde abzögen.

Der Bote meldet, { der Feind ziehe ab.
{ die Feinde zögen ab.

2) Die Adjektivsätze.

228. Kennzeichen: Relativum (auch **so, wo, da**), Demonstrativum, Determinativum.

In allen meinen Thaten lass' ich den Höchsten rathen, **der** alles kann und hat. Vor grauen Jahren lebt' ein Mann im Osten, **der** einen Ring von unschätzbarem Wert aus lieber Hand besaß. Bittet für die, **so** euch beleidigen und verfolgen. Angethan mit einem Sterbekleide schlummert Röschen, **so** der Mutter Freude, **so** der Stolz des Dorfes war. Kennst du das Land, **wo** (in **welchem**) die Citronen blühen? Wer versteht doch nur durchaus und gründlich das erste Wort im Vaterunser, **da** wir sagen: **der** du bist im Himmel? Herr, thue mir kund den Weg, **darauf** (auf **welchem**) ich gehen soll. Das höchste Gut ist das (dasjenige), **welches** unsere Mängel verbessert und unsere Fehler ausgleicht.

229. **Verkürzte Adjektivsätze** (Participia, Adjectiva).

Die ganze Armee, auf die Kniee **hingestürzt** (welche auf die Kniee hingestürzt war), stimmt ein rührendes Lied an. Von ehrgeizigen Plänen **erhitzt**, voll Zuversicht auf seine glücklichen Sterne, erbot sich Wallenstein, ein Heer für den Kaiser auszurüsten. Von mehreren Schüssen **durchbohrt**, von allen seinen Begleitern **verlassen**, verhauchte Gustav Adolf unter den räuberischen Händen der Kroaten sein Leben.

3) Die Adverbialsätze. 230.
1) Die Adverbialsätze des Ortes.
Wo euer Schatz ist, da ist auch euer Herz. **Wo** viel Licht ist, ist starker Schatten. **Wo** man nach Welschland pilgert, **wo** Alpen starren empor, da winkt mit ernstem Gruße ein altes Römerthor. Mein Auge sieht, **wohin** es blickt, die Wunder deiner Werke. **Wohin** der Blick des Naturforschers bringt, ist Leben und Keim zum Leben verbreitet.

2) Adverbialsätze der Zeit. 231.
a. **Gleichzeitigkeit.** Die Handlungen des Haupt- und Nebensatzes sind gleichzeitig.

Wir fahren zu Berg, wir kommen wieder, **wenn** der Kukuck ruft, **wenn** erwachen die Lieder, **wenn** mit Blumen die Erde sich decket neu, **wenn** die Brünnlein fließen im lieblichen Mai. Es irrt der Mensch, **so lang** er lebt. Indes ihr Komplimente drechselt, kann etwas Nützliches geschehn. Das Eisen muß geschmiedet werden, **weil** (**so lange**) es glüht.

b. **Vorangehende Zeit.** Die Handlung des Nebensatzes 232. geht der des Hauptsatzes voran.

Nachdem Luthern ein freies Geleit zugesichert worden war, machte er sich auf den Weg nach Worms. **Kaum** entfaltet die Natur ihre freundlichen Schätze, **so** sind die Kinder dahinter her. Viele treten einen Schritt zurück, **sobald** sie sehen, daß dich das Glück nicht anlächelt.

c. **Nachfolgende Zeit.** Die Handlung des Nebensatzes 233. tritt nach der Handlung des Hauptsatzes ein.

O nimm der Stunde wahr, **eh'** sie entschlüpft. Pflücket die Rose, **eh'** sie verblüht. Laß nicht dein Ziel aus den Augen, **bevor** du es erreicht hast. Hüte dich, etwas zum Grundsatze zu machen, **bevor** du alle möglichen Fälle überlegt hast.

3. Adverbialsätze der Art und Weise. 234.
a. **Vergleichung, Grad.**

Wie die Alten sungen, **so** zwitschern die Jungen. **Wie** man in den Wald schreit, **so** schreit's wieder heraus. Es kann vor Nacht leicht anders werden, **als** es am frühen Morgen war. **Je** höher du bist, **desto** mehr bemütige dich. **Je** höher der Baum die Zweige reckt, **je** mehr wird er vom Winde geneckt.

b. **Folge.** 235.
Die Flucht Friedrichs aus Prag geschah mit solcher Eilfertigkeit, **daß** der Fürst von Anhalt seine geheimsten Papiere und der

König seine Krone zurückließ. So leise und sacht schleicht der Fuchs dahin, daß er selbst auf weichem Boden kaum eine Spur zurückläßt. Wallenstein war allzu ehrgeizig, als daß er sich lange mit dem Amte eines kaiserlichen Generalissimus begnügt hätte.

4. Adverbialsätze des Grundes.

236. a. **Wirklicher Grund.**
Rütli heißt sie (die Matte), weil die Waldung ausgereutet ward. Weil Astyages durch Cyrus seine Herrschaft zu verlieren fürchtete, ließ er ihn aussetzen. Der wahre Ruhm ist schwer zu erreichen, weil er Entsagung, Mühe, Ernst kostet. Da die Reden bei weitem den größten Theil der homerischen Gesänge einnehmen, so ist es eine Hauptsache, ihren Charakter recht zu fassen.

237. b. **Möglicher Grund (Bedingung).**
Wenn die Glock' soll auferstehn, muß die Form in Stücke gehn. Wenn die Freundschaft wahren Wert haben soll, so muß sie sich auf Achtung gründen. Wenn des Nachbars Haus brennt, so steht auch das deinige in Gefahr. Wenn Ja und Aber zusammenstehn, dann ist nicht viel dahinter. Willst du dich selber erkennen (wenn du dich selber erkennen willst), so sieh, wie die andern es treiben; willst du dich selber verstehn (wenn du dich selber verstehen willst), blick' in dein eigenes Herz. Wofern wir dem Donner, Gottes rächendem Donner, zuvorzukommen nicht eilen, wird mit ihm uns Gott zerschmettern.

238. c. **Scheinbarer Grund (Einräumung).**
Obgleich ihr mit Mangel zu kämpfen hattet, so habt ihr ihn doch mit Mut ertragen. Ob alles im ewigen Wechsel kreist, es beharret im Wechsel ein ruhiger Geist (= so beharret doch u. s. w.).

239. d. **Zweck, Absicht.**
Cäsar schickte die Reiterei voran, damit sie den Kampf der Feinde aufhielte. Der Perserkönig schenkte dem Themistokles die Stadt Lampsakus, damit sie ihm Wein lieferte. Bescheidenheit flechte in den Kranz deiner Verdienste, damit man das Haupt, von ihm geziert, gern betrachte und ihm des Himmels schöne Gabe gönne. Ehre Vater und Mutter, auf daß es dir wohl gehe und du lange lebest auf Erden.

240. Die Adverbialsätze der Art und Weise und der Einräumung werden mit dem Hauptsatze zusammengezogen, wenn sie mit diesem das Prädikat gemein haben.
Der Irrtum verhält sich gegen das Wahre, wie Schlaf gegen das Wachen. Nichts ist höher zu schätzen, als der Wert des Tages. Nie war bei einer Armee der Durst nach einem Blut-

kampf größer, als wie diesmal (bei Zorndorf) bei der preu=
ßischen. Sie glichen sich, wiewohl nur in einem sehr entfernten
Sinne.

Verkürzte Adverbialsätze. Kennzeichen: Participium, 241.
Substantivum mit als, Infinitiv mit zu, um, ohne zu.
Apollos Macht preisend (indem er Apollos Macht pries),
erwartete Orpheus den Aufgang der Sonne. Versunken in
dir selber, stehst du da. Wer dir als Freund nicht nützen
kann, kann immer doch als Feind dir schaden. Ich komme
nicht zu bleiben; Abschied zu nehmen komme ich. Lebe, um
zu lernen, lerne, um zu leben. Ich habe ihn beleidigt, ohne
es zu wissen.

Das Participium bleibt auch fort.
Die Hand am Schwerte (haltend), schauen sie sich drohend an.

6) Zergliederung mehrfach über= und untergeordneter Sätze.

A B C D ... Hauptsätze, a b c d ... Nebensätze, A—a—A 242.
Hauptsatz mit einem Zwischensatze, a—A—a in den Nebensatz ein=
geschobener Hauptsatz, aʹ bʹ cʹ dʹ ... Nebensätze, abhängig von
Nebensätzen (a) (b) (c) (d) ... verkürzte Nebensätze,, A⌒A, a⌒a
zusammengezogene Sätze.

1.

A. Italien liegt unter den wärmeren Graden der gemäßigten Zone
    (Hauptsatz);
B. die einfache und erste Folge dieser klimatischen Stellung ist
    (Hauptsatz),
b. daß sich der Mensch freier von notwendigen Bedürfnissen
    fühlt (Nebensatz),
b. daß er ein größeres Bedürfnis hat (Nebensatz),
  (bʹ) zu genießen (verkürzter, von einem Nebensatz ab=
    hängiger Nebensatz).
A, B, b, b (bʹ).

2.

A. Einige Bedürfnisse,
  a. für welche der Bewohner nordischer Regionen zu sorgen hat,
kennt der Italiener, besonders der aus den südlicheren Landschaften,
    fast gar nicht;
B. andere schwinden so zusammen,
b. daß sie kaum mehr Bedürfnisse zu nennen sind.
A—a—A, B, b.

3.

a. Wenn der Mensch mit regem Sinne die Natur durchforscht
⌒a. oder in seiner Phantasie die weiten Räume der orga=
    nischen Schöpfung mißt,

A. so wirkt unter den vielfachen Eindrücken,
  a. die er empfängt,
keiner so tief und mächtig,
  (a.) als der,
    a' welchen die allverbreitete Fülle des Lebens erzeugt.
a⌢a, A, a (a), a'.

4.
  a. Als Xerxes die Heere des Morgenlandes über den Hellespont
                                            geführt,
⌢a. Thessalien eingenommen
⌢a. und das feste Thor des inneren Griechenlands, den Seepaß
    der Thermopylen, sich durch Verrat geöffnet hatte,
A. konnte er nicht anders glauben,
  a. als daß nun jeder ernstliche Widerstand beseitigt wäre,
  a. und daß die Hellenen der südlichen Landschaften in Zittern
    und Angst des über sie hereinbrechenden Schicksals warteten.
a⌢a⌢a, A, a, a.
B. Da kamen Überläufer aus Arkadien in das Lager, unstäte Leute,
  b. die des Lebens Not hintrieb,
    b' wo es
      (b'.) zu verdienen
    b' gab.
B, b, b' (b') b'.
C. Man brachte sie vor den König,
  (c) um sie auszufragen,
    c' was die Hellenen machten.
C. (c), c'.
  d. „Sie feiern das Fest der Olympien",
D. war die unerwartete Antwort;
  d. „sie schauen den Wettkämpfen und Wagenspielen zu";
  e. und als man sie weiter fragte,
    e' um welchen Preis jene Kämpfe gehalten würden,
E. erwiderten sie:
  e. „Um den Kranz vom Ölbaum."
d, D, d, e, e', E, e.
F. Da sprach einer der persischen Großen ein Wort aus,
  (f) voll edler Weisheit,
    f' wenn es ihm auch als Feigheit ausgelegt wurde:
f „Wehe, Mardonius, gegen was für Männer hast du uns
                                            geführt,
    f' die nicht um Gold und Silber Wettkämpfe halten,
    ⌢f' sondern um Männertugend!"
F, (f), f', f, f', ⌢f'.

5.
    A— Gar manche deutsche Männer, a welche den Ruf rüstiger
Fußwanderer erworben haben, —A mahnen durch ihr Beispiel zur

Nachahmung, ⌒A vor allem Goethe, a der in seinen jungen Jahren vom Wandern ein so großer Freund war, a' daß er sich selbst den Namen Wanderer beilegte, a und dessen schönste Lieder die auf den frischen Wanderfahrten empfangenen Natureindrücke wiederspiegeln; ⌒A ferner Arndt, a welcher in trüber Zeit einen großen Teil Europas mit dem Stabe in der Hand durchzog; ⌒A Schleiermacher, a welcher mit sokratischer Herrschaft über sich selbst (a') einen oft kränklichen Körper zu den Anstrengungen der Fußreise zu zwingen, (a') an ihre Beschwerden zu gewöhnen und (a') so seinem Geiste den erfrischenden Einfluß dieser naturgemäßesten Bewegung zu verschaffen wußte; ⌒A endlich Seume, der rüstige „Spaziergänger nach Syrakus", a welcher die Vorzüge des Wanderns vor dem Fahren etwa mit folgenden Worten kurz bezeichnet hat: a' „Wer geht, sieht von der Welt und vom Menschenleben mehr, als wer fährt. Fahren zeigt Ohnmacht, Gehen Kraft. Der Fahrende kann niemand mehr fest und rein ins Angesicht sehen, wie man soll. Der Gang ist das Ehrenvollste für den selbständigen Mann, und alles würde besser gehen, wenn man mehr ginge." (a' = a A⌒A a . B⌒B . C c . D E e.)

17. Die Periode.

Die Periode ist ein der Rhetorik entlehnter Begriff. In 243. der Rhetorik versteht man unter einer Periode einen jeden kunstvoll und zu einem schönen Ganzen gefügten Satz. Im grammatischen Sinne ist eine Periode ein Satzgefüge, in welchem ein Hauptgedanke in Verbindung mit zwei oder mehreren Nebengedanken klar und übersichtlich durchgeführt wird.

Der Hauptgedanke wird in Hauptsätzen, die Nebengedanken werden in Nebensätzen ausgedrückt: Diese werden entweder in die Hauptsätze eingeschoben (1. 2. 3.) oder gehen den Hauptsätzen voran (steigende Perioden 4.) oder folgen ihnen nach (sinkende Perioden 5.)

Als Glieder einer Periode werden erstens solche Begriffe angesehen, welche durch Nebensätze erweitert sind (1. 2.), ferner alle Hauptsätze (2. 3.); in steigenden und sinkenden Perioden auch die Nebensätze (4. 5.). Zusammengezogene Sätze gelten als ein Glied.

Zur Interpunktion. Erweiterte Begriffe werden durch 244. ein Kolon von den übrigen Gliedern der Periode getrennt (1. 2.), ferner auch solche Hauptsätze, auf deren Inhalt ein vorangehender Satz hindeutet (3); das Kolon trennt auch den Vordersatz und den Nachsatz einer Periode (4. 5.) Zur Trennung aller übrigen Glieder dient das Semikolon (2. 3. 4. 5.).

a. Der Philosoph auf dem Throne — oder nicht der 245. Philosoph, sondern der erleuchtete, thätige Weise, der das Haupt seines Staatskörpers nicht bloß heißen, sondern sein, nicht bloß vor den übrigen Gliedern, selbst vielleicht das müßigste Glied, hervorragen, sondern auch als Haupt für den ganzen Körper denken und alle seine Bewegungen ordnen will (1): welch eine weit größere Masse von Ideen muß er umspannen, bearbeiten, einander unterordnen, vereinbaren können (2)! (Zweigliedrige Periode.)

b. Dem erleuchteten, weisen Weltbürger ist der Gedanke an einen Vater der Natur, dessen Zwecke lauter Weisheit sind, nicht nur ein entzückendes Licht für den Geist (1;) er ist ihm auch eine belebende Kraft für das Herz (2): ein lauter, alle Begierden der Seele weckender, unwiderstehlicher Aufruf zur Tugend (3). (Dreigliedrige Periode).

c. Unsere Litteratur hat eine Erscheinung aufzuweisen, welche die Litteratur keines Volkes der Erde mit ihr teilt (1): sie hat zweimal in dem Glanze einer heitern, frischen, kräftigen Jugend gestrahlt — mit einem Worte (2): sie hat, nicht wie die Litteraturen der übrigen Nationen, nur eine, sie hat zwei klassische Perioden gehabt (3); zweimal ist es uns vergönnt gewesen, auf der Höhe der Zeiten zu stehen und in dem vollen Bewußtsein reicher Lebenskräfte unser gesamtes inneres und äußeres Leben in dichterischen Kunstwerken mit einfacher Treue und großartiger Wahrhaftigkeit abzuspiegeln (4); zweimal hat der edelste und reinste Lebensinhalt unserer Nation sich in gleich edle und reine, in naturgemäße und darum vollendete Formen gegossen, (5) und die eine dieser Glanzperioden, welche an Frische und Fülle der Formen, an Gediegenheit und Reichtum des Stoffes der andern, von uns erlebten, nicht das geringste nachgiebt, ja dieselbe in mehrfacher Hinsicht weit überbietet, liegt aber in jenen scheinbar so weit entlegenen, so unbekannten und vermeintlich öden Regionen (6). (Sechsgliedrige Periode.)

d. Wenn ein Wanderer in stürmischer Nacht einen gefahrvollen Weg durchschritten, über sich den rollenden Donner und sengende Blitze, neben sich den schroffen Abgrund voll schäumender Fluten, vor sich Klippen und hinter sich reißende Tiere (1); wenn er angstvoll, von seinen Gefährten getrennt und bei jedem Schritte den Tod fürchtend, endlich eine sichere Anhöhe erklimmt und der Morgen aufgeht über der Verheerung der Nacht (2):(3) so schaut er, über seine Rettung verwundert, nach dem angstvollen Pfade zurück, auf dem er gekommen, und mißt vor sich den Weg, der ihm noch bevorsteht zu durchwandern. (Steigende Periode.)

e. Ich brauche nur mit wenigen Worten an die bekannte Stellung zu erinnern, welche das Erlernen der lateinischen Sprache ehedem hatte (1): (2) daß dasselbe nicht sowohl für ein Moment des gelehrten Studiums galt, sondern den wesentlichsten Teil desselben ausmachte und das einzige höhere Bilbungsmittel war, welches demjenigen dargeboten wurde, der nicht bei dem allgemeinen, ganz elementarischen Unterrichte stehen bleiben wollte; (3) daß für die Erwerbung anderer Kenntnisse, welche für das bürgerliche Leben nützlich oder an und für sich von Wert sind, kaum ausdrückliche Anstalten gemacht waren, sondern es im ganzen der Gelegenheit der Erlernung jener Sprache überlassen war, ob etwas und wie viel dabei von ihnen anflog; (4) daß jene Kenntnisse zum teil für eine besondere Kunst, nicht zugleich für ein Bildungsmittel galten und größtenteils in jene Schale gehüllt waren. (Sinkende Periode.)

IV. Von der Wortbildung.

249. **Vorbemerkung.** Die älteste uns bekannte Gestalt germanischer Sprache ist das **Gotische** (IV. Jahrhundert). Eine zweite Stufe bildet das **Altdeutsche** (VII. bis XI. Jahrhundert), in welchem sich das **Ober-** oder **Hochdeutsche**, die Mundart des südlichen und mittleren Deutschlands, von dem **Niederdeutschen**, der Mundart des nördlichen Deutschlands, sonderte. Aus dem Althochdeutschen ging das **Mittelhochdeutsche** hervor (XII. bis XV. Jahrhundert) und aus diesem das **Neuhochdeutsche**, die heutige Rede- und Schreibweise aller Gebildeten, während sich aus dem Niederdeutschen das **Plattdeutsche** entwickelt hat.

In den folgenden beiden Abschnitten ist hin und wieder auf die früheren Entwickelungsstufen des Deutschen hingewiesen.

Got. = gotisch, ahd. = althochdeutsch, mhd. = mittelhochdeutsch.

1. Von den Lauten.

Man darf die Konsonanten Knochen und Muskeln der Sprache nennen; die Vokale sind, was die festen Teile durchströmt und belebt, Blut und Atem.

J. Grimm.

250. Die Elemente der Sprache sind **die Laute**.

Die Laute, welche wir als Schriftzeichen **Buchstaben** nennen, sind entweder **Vokale** (Selbstlauter) oder **Konsonanten** (Mitlauter).

Die Vokale sind: a, e, i, o, u; die Konsonanten: b, c, d, f, g, h, ch, j, k, l, m, n, p, q, r, s, (ß), sch, t, v, w, x, z.

Die Vokale a, o, u können den **Umlaut** erhalten; sie werden dann durch e getrübt und verwandeln sich in ä, ö, ü. Diese Trübung ist entstanden durch die Einwirkung eines ursprünglichen i, das an den Stamm herantrat. So ist z. B. Gäste aus gasti entstanden.

Durch Verbindung zweier verschiedener Vokale zu einer Silbe entstehen die Diphthongen (Doppellauter): au, eu, ei. Der Diphthong au kann auch den Umlaut erhalten (äu). Für eu und ei wird auch äu und ai verwendet.

251 Der Laut c, der früher regelmäßig gebraucht wurde, z. B. im Auslaute für g und k wie in tac (tages), trauc, findet sich jetzt nur in Verbindung mit h und k (ch, ck) und in Fremdwörtern.

f und v bezeichnen denselben Laut.

q steht nur in Verbindung mit u und ist gleich kw; x und z sind Mischlaute für ks, chs und ts.

y (sprich: Ypsilon) ist ein dem Deutschen fremder Laut, welcher nur in Fremdwörtern zu schreiben ist, wie in Syntax, Physik; mißbräuchlich schrieb man ihn früher in deutschen Wörtern, wie in bey, sey. In May, Juny, July sollte er das doppelte i der lateinischen Genetive: Maii, Junii, Julii ausdrücken.

Einteilung der Konsonanten.

252.
1) Lippenlaute: b, p, f, (v), w, m.
2) Kehllaute: g, k, h, j, ch.
3) Zungenlaute: d, t, s, ß, l, n, r.

Die Laute b, p, g, k, d, t heißen stumme oder starre und teilen sich in weiche b, g, d und harte p, k, t.

Die Laute f, (v), w, h, j, ch, s, ß heißen hauchende und zerfallen gleichfalls in weiche w, h, j, s und harte v, f, ch, ß.

Die Laute l, m, n, r heißen flüssige.

Übersicht.

	Starre.		Hauchende.		Flüssige.
	Weiche.	Harte.	Weiche.	Harte.	
Lippenlaute.	b	p	w	f (v)	m
Kehllaute.	g	k	h, j	ch	
Zungenlaute.	d	t	s	ß	l, n, r

253. **2. Silben. Wörter.**

Silben nennt man die kleinsten Laut-Einheiten der Sprache.

Eine Silbe oder eine Verbindung mehrerer Silben wird Wort genannt, wenn durch sie eine bestimmte Vorstellung erweckt wird.

Hand, Werk, Kunst, Künstler, Wissenschaft, geben, arbeiten.

254. Derjenige Teil eines Wortes, welcher allen mit diesem verwandten Wörtern zu Grunde liegt, heißt Wurzel. So ist zu springen, sprengen, Sprengel, Sprenkel, gesprenkelt, Sprung, Ursprung die Wurzel spring.

Diejenigen Wörter, welche die Wurzel unverändert enthalten, heißen **Wurzelwörter**. Wurzelwörter sind z. B. alle ablautenden Verba.

springen, binden, Sinn, froh, gut.

3. Wortbildung.

255. Die Wortbildung ist eine **innere** und eine **äußere**.

Die **innere** Wortbildung geschieht durch den **Ablaut**, z. B. Band, Bund.

Die durch den Ablaut gebildeten Wörter heißen **Stammwörter** oder **Stämme**, weil von ihnen wieder andere Wörter herstammen; so ist **Bund** das Stammwort zu **bündig, Bündel, Bündnis**.

256. Die **äußere** Wortbildung geschieht:

1) durch **Ableitung** d. h. durch Anhängung von Endungen (Endsilben oder Endlauten) an die Wurzel oder an den Stamm.

Binde, Bande; schreiben, Schreiber, Schrift.

Die innere Wortbildung ist häufig mit der Ableitung verbunden.

sprengen (von springen); flüssig (von fließen); Gift (von geben).

2) durch **Zusammensetzung** d. h. durch Verbindung zweier oder mehrerer Wörter zu einem neuen Begriffe oder durch Verbindung eines Wortes mit einer Vorsilbe.

Rat=haus, Gold=berg=werk; ein=lassen, ver=lassen.

A. Innere Wortbildung.

257. Wortbildung von ablautenden Verben.

Erste Klasse.

binden: Binde, Bindfaden, Buchbinder; Band, Bande, bändigen; Bund, bündig, Bündnis, Bündel, bunt (mit einer Binde ausgestattet, gestreift).

schwimmen: Schwimmer, Schwimmlehrer; Schwamm, schwemmen, Schwemme; Sumpf (ahd. swumft, mhd. sunft, zusammengeschwommenes Wasser.)

bergen: Berg, Herberge, Gebirge; Burg, Bürge, Bürger, bürgen, borgen (auf Bürgschaft leihen).

melken: Melkfaß; Milch, milchen; Molke, molkig.

Zweite Klasse.

geben: Geber, Gift, Mitgift, freigebig, ergiebig, vergebens; Gabe, begaben, gäng und gäbe.

Dritte Klasse.

stehlen: Stehler; Diebstahl; verstohlen.

Vierte Klasse.
fahren: Fahrt, Fahrzeug, Fähre; Fuhre, Fuhrmann, führen; fertig (zur Fahrt bereit).
Fünfte Klasse.
schneiden: Schneide, Schneider; Schnitt, Schnitter, schnitzen, Schnitzel, schnitzeln.
Sechste Klasse.
biegen: biegsam; Bogen, Bug, Bügel, bügeln, Bucht, Buckel, bücken.
fließen: Fließbach; Floß, Flößerei; Fluß, flüssig, Flosse.
Siebente Klasse.
halten: Halt, Statthalter, Haltung, nachhaltig, ungehalten.
heißen: Geheiß, Schultheiß, Verheißung.
stoßen: Stoß, Stößel, stößig, unumstößlich.
laufen: Lauf, geläufig, Läufer, Zeitläufe (und Zeitläufte).
hauen: Verhau, Haue, Heu, heuen.
rufen: Ruf, Rufer, Beruf, Gerücht, berüchtigt, ruchtbar.

B. **Äußere Wortbildung.**

258. 1) Ableitung.

Durch Anhängung von Ableitungssilben und -lauten entstehen Wörter wie:

Binde, Hirte, weise; Bettelei, Partei, Türkei; Astronomie, Poesie, Geographie; Italien, Spanien; Vogel, Adel, edel; handeln, witzeln; Büchlein, Blümlein; Blume, atmen; silbern, hölzern; trocken, offen; trocknen, öffnen; Königin, Göttin, Bärin; Bruder; zögern; Juwelier; studieren; Saft, Macht, sanft, echt; Fahrt, Schuld, kalt; warten, Ernte, Gebäude; Monat, Heimat; Freund, Feind; Heiland; Jugend, Leumund; verleumden; glänzen, schluchzen; Hülfe; herrschen; Mensch, deutsch, herrisch, entmenschen, verdeutschen; Herbst, Kunst, Gespenst; Drangsal, Schicksal, Rätsel; Erlaubnis, Zeugnis; Zweig, Spange, kundig, mutig; kreuzigen, einigen; Hering, Zeitung; Frühling; blindlings; Kranich, Habicht, thöricht; Blättchen; ehrbar, vielerlei, lieblich, sittsam, seßhaft; Freiheit, Sittlichkeit, Freundschaft, Herzogtum.

Die Endungen **bar, lei, lich, sam, haft, heit, keit, schaft, tum** waren ursprünglich selbständige Wörter, sind aber schon frühe zu bloßen Ableitungssilben herabgesunken.

bar = tragend, **lei** = Art, **lich** = ähnlich, **sam** = gleich, ähnlich, **haft** = haftend, **heit, keit** = Art und Weise, Zustand, **schaft** = Beschaffenheit, Zusammengehörigkeit, Gesammtheit, **tum** = Stand, Würde.

2) Zusammensetzung.

259. Von zwei mit einander zusammengesetzten Wörtern heißt das erste **Bestimmungswort**, das zweite **Grundwort**. Das Bestimmungswort hat den Hauptton.

Rathaus, Hausrat; Vaterhaus, Bergpredigt.

260. In den mit einer Vorsilbe (Partikel) zusammengesetzten Wörtern erhält bald die Partikel den Hauptton, bald das Grundwort.

undankbar, unendlich; andächtig, bedachtsam.

In Verbis erhalten die **trennbaren** Partikeln den Haupton. Übersetzen (ich setze über), dagegen: übersetzen (ich übersetze); umgehen (es geht um), dagegen: umgehen (ich umgehe).

261. Man unterscheidet die **eigentliche** und die **uneigentliche** Zusammensetzung.

Die **eigentliche** Zusammensetzung stellt zwei Begriffe unvermittelt neben einander. Ursprünglich vermittelte ein Bindevokal (a) diese Zusammensetzung; derselbe hat sich in verdünnter Gestalt (e und i) noch in einigen Wörtern erhalten.

Badegast, Hagestolz, Tagebuch, Nachtigall, Bräutigam.

Diesem Bindevokal entspricht der Bindekonsonant **s** bei Femininis.

Achtserklärung, Freundschaftsbund, Regierungsrat; hoffnungsvoll.

262. Die **uneigentliche** Zusammensetzung bedarf der Flexion des Bestimmungswortes.

Ratsherr, Jahreszeit, Heldenthat, Sonnenlicht, Hörnerschall, Fürstentag, Töchterschule; gottesfürchtig, sorgenfrei; Langeweile.

Die mehrfach zusammengesetzten Wörter (decomposita) bestehen häufig aus ganzen Redensarten.

Jasomirgott, Vergißmeinnicht, Taugenichts, Gottseibeiuns.

Übersicht über die Zusammensetzungen.

263. Nach dem Bestimmungsworte werden die Zusammensetzungen eingeteilt in **substantivische**, **adjektivische**, **verbale** und in **Zusammensetzungen mit Partikeln**.

1) Substantivische Zusammensetzungen.

Substantivum mit Substantivum: Himmel-reich, Gerichts-tag.
Substantivum mit Adjektivum: gesetz-mäßig, inhalts-leer.

Substantivum mit Verbum: rat=schlagen, haus=halten.
Substantivum mit Partikel: berg=an, feld=ein.

2) **Adjektivische Zusammensetzungen.**
Adjectivum mit Substantivum: Jung=frau, Hoher=priester.
Adjectivum mit Adjectivum: frei=willig, schwarz=weiß.
Adjectivum mit Verbum: frei=sprechen, hoch=achten.
Adjectivum mit Partikel: rund=um, wohl=auf.

3) **Verbale Zusammensetzungen.**
Verbum mit Substantivum: Rechen=buch, Schreib=feder.
Verbum mit Adjectivum: denk=würdig, schlag=fertig.

4) **Partikelzusammensetzungen.**
Partikel mit Substantivum: Ab=grund, Aber=glaube, An=mut, Ant=wort, Auf=schrift, Aus=land, Bei=wagen, Ein=gang, Vor=zimmer, Für=wort, Hinter=list, Nach=teil, Nieder=lande.
Partikel mit Adjectivum: ab=hold, an=mutig, auf=richtig, aus=wärtig, bei=fällig, ein=heimisch, vor=laut, hinter=listig, nieder=deutsch.
Partikel mit Verbum: ab=sprechen, an=reden, auf=treiben, aus=denken, nach=gehen, bei=kommen, ein=schlagen; be=zahlen, ent=kommen er=finden, ge=denken, miß=rathen, ver=kaufen, zer=teilen.
Partikel mit Partikel: bis=her, hie=durch, nach=her, vor=aus, mit=hin.

264. **4. Eine Wortfamilie.**
Sprechen, sprach, gesprochen.
Ableitungen: Sprecher, Sprecherin, Sprache, Spruch.
Zusammensetzungen:
1) substantivische:
Sprach=bau, Sprach=buch, Sprach=fehler, Sprach=forscher, Sprach=forschung, Sprach=gebrauch, Sprach=gemenge, Sprach=gesetz, Sprach=kenner, Sprach=kenntnis, Sprach=kunde, Sprach=lehre, Sprach=lehrer, Sprach=meister, Sprach=organe, Sprach=rohr, Sprach=schatz, — Bilder=sprache, Bauern=sprache, Diebs=sprache, Grund=sprache, Finger=sprache, Haupt=sprache, Helden=sprache, Kinder=sprache, Kunst=sprache, Mutter=sprache, Zigeuner=sprache.
Spruch=buch, Spruch=kollegium, Spruch=dichter, Spruch=sammlung — Bibel=spruch, Kern=spruch, Lob=spruch, Macht=spruch, Richter=spruch, Sinn=spruch, Sitten=spruch, Wahl=spruch.
Sprach=gelehrt, sprach=gewandt, sprach=kundig, sprach=los, sprach=richtig, sprach=widrig; spruch=reif, spruch=reich, spruch=fertig; an=spruchsvoll.

2) **adjektivische:**
frei=sprechen, los=sprechen.

3) **verbale:**
Sprech-art, Sprech=sucht, Sprech=saal, Sprech=zeit, Sprech-zimmer; Sprich=wort; sprech=süchtig, sprich=wörtlich; Denk=spruch.

4) **mit Partikel:**
Ver=sprechen, Vor=sprecher, Nach=sprecher; An=sprache, Aus=sprache, Ein=sprache, Für=sprache, Rück=sprache; Ge=spräch, An=spruch, Aus=spruch, Ein=spruch, Wider=spruch, Zu=spruch.

ab=sprechend, an=sprechend, ent=sprechend, wider=sprechend, unaus=sprechlich; ge=sprächig.

ab=sprechen, an=sprechen, aus=sprechen, be=sprechen, durch=sprechen, ein=sprechen, ent=sprechen, fort=sprechen, für=sprechen, mit=sprechen, nach=sprechen, ver=sprechen, vor=sprechen, wider=sprechen, zu=sprechen, zusammen=sprechen.

Decompositum:
Sprach=forscher=versammlung.

V. Worterklärungen.

Die Worterklärung — ist nur die erste Ernte auf dem Gebiete der Sprache, wo der Halm an dem Boden abgeschnitten wird; tiefer dringen muß die Wortforschung und auch die Wurzel ausziehen.   J. Grimm.

Die Sprache ist allen bekannt und ein Geheimnis.   Derselbe.

Abenteuer, mhd. din âventiure, vom franz. aventure [aus mittellat. aventura, adventura gebildet], merkwürdiges, wunderbares Ereignis; ein kühnes, ritterliches Wagnis; Erzählung einer denkwürdigen Begebenheit, z. B. das Abenteuer von Siegfried.

Aberglaube, von aber und Glaube; aber = wiederholt, durch Übermaß verkehrt; also Überglaube.

abgefeimt, von abfeimen, den Feim (den unreinen Schaum) abnehmen; gewandt in schlechten Dingen.

Abstreich, öffentlicher Zuschlag auf Mindergebot;

Aufstreich, öffentlicher Zuschlag auf Meistgebot (Schillers Räuber).

Adalbert, Albert, Albrecht, von ahd. adal, Geschlecht und ahd. pérath, berht, glänzend, an Geschlecht glänzend.

Adele, aus dem franz. Adèle, vom ahd. Adala, die ausgezeichneten Geschlechtes ist.

Adept, vom lat. adeptus, der etwas erlangt hat, der in geheime Künste, namentlich in die Alchimie, eingeweiht ist.

Adler, mhd. adelar = edler Aar.

Adolf, got. latinisiert, Ataulfus, -ulfus, aus got. vulfs, Wolf.

after, mhd. after, hinter, nach, z. B. Afterwelt = Nachwelt. In Zusammensetzungen bezeichnet after häufig das Scheinwesen, so in Aftergröße = Scheingröße, Afterkönigin, Aftermuse = die Muse, welche nicht die wahre ist.

Alarich, Ala-reiks, omnium princeps, überaus mächtig.

Alaun, vom franz. alun, aus dem lat. alumen, ahd. peizstein.

Alberich, von ahd. alp, Elfe, und rîch, Elfenfürst.

Albuin, Alwin, von alp und win, Elfenfreund, Geliebter des Lichtgeistes.

Alfred, ahd. Alprât, von den Elfen beraten. (?)

Alkoven, vom franz. und engl. alcove, aus dem Arabischen; Wölbung.

Allerheiligen, mhd. aller heiligen tac, (Gen. Plur., katholischer, allen Heiligen gewidmeter Feiertag (2. November).

Allerseelen, Gen. Plur. wie das vorige, katholischer Feiertag (1. November) zum Gedächtnis der Verstorbenen.

allmählich, von all und mählich = mächlich, was so viel als gemächlich; vergl. den Ausruf: gemach!

Allod, vom ahd. al, ganz, und ôt, Eigen, Eigentum; latinisiert allodium, freies Eigentum im Gegensatz zum Lehngut (beneficium).

Almosen, vom griech. ἐλεημοσύνη [eleemosyne] Erbarmen.

Alraun, mhd. alrûne, ahd. alrûna, alrûn, von rûna, Geheimnis, geheimnisvolles Zuflüstern, Raunen, ursprünglich weissagender, teuflischer Geist, dann Name der Pflanze Mandragora, welche eine rettigartige, in Form verschränkter Beine gespaltene Wurzel hat, aus der nach dem Aberglauben jenes weissagende Wesen geschnitten wird.

Alt, vom ital. alto, lat. altus, die hohe Mittelstimme.

Altan, vom ital. altana, von altus.

Altar, von altare, Opfertisch.

Amalie, aus ital. Amalia, vom altnord. aml, ahd. amal = Geschäftigkeit.

Amboß, von an und mhd. bôzen, schlagen, vergleiche incus von incudo.

Ameise, d. h. das geschäftige, arbeitsame Tier.

Ammann, verkürzt aus Amtmann.
Ampel, Hängelampe, vom lat. ampulla. Ölfläschchen.
Angebinde, Geburtstagsgeschenk, das dem Feiernden an den Hals oder Arm gebunden wurde, Festgeschenk.
Anker, vom lat. ancora.
anmaßen, früher: nach Maßgabe des Zustehenden in Anspruch nehmen; jetzt über das Maß des Zustehenden in Anspruch nehmen.
Ansgar, von ans, Ase, Gott, und gar, gêr, Wurfspieß, Lanze; Gotteslanze.
Anselm, **Anshelm**, Gotteshelm, Gottesstreiter.
Apfelsine, vom holländ. appelsina, d. h. Apfel aus Sina [China]; vergl. das franz. pomme de Sine.
Arche, vom lat. arca, Kasten.
Argwohn, aus arg und Wahn, dessen a in o übergegangen ist.
Armbrust, aus arcubalista, Bogenwurfmaschine.
Arnold, ahd Aranolt, von ar, arn, Aar, Adler, und -walt.
Arnulf, von ar und wolf.
Arzt, vom lat. archiater, aus dem griech. ἀρχίατρος [archiatros], Oberarzt, erster Arzt.
Ausbruch, gewaltsames Hervor- und Durchdringen [zum Ausbruch kommen]; vorzüglichster Wein, nämlich Wein aus Beeren, die als die reifsten und besten vor den übrigen an den Stöcken ausgebrochen d. h. ausgelesen wurden.
Aussteuer, mhd. stiure, Unterstützung, Beitrag, Abgabe.
Auster, vom lat. ostrea (ostreum).
Axt, vom lat ascia.
Bar, mhd. bar, unbedeckt, den Blicken frei. Bares Geld, vor Augen aufgezähltes.
Bachstelze, ein stelz- d. h. hochbeiniger Vogel am Wasser oder Wache.
Bake, ein Schifferzeichen, auch Leuchtturm, vom niederl. bake, Signal.
Baldrian, mittellat. valeriana, Katzenkraut.
Ballei, aus dem Mittellat., Bezirk eines deutschen Ordenslandes.
ballhornisieren oder **verballhornen**, durch vermeintliche Verbesserung verschlechtern. Johann Ballhorn, um 1530 Buchdrucker zu Lübeck, brachte in einem ABC-Buche, welches er oft herausgab, ungeschickte Veränderungen an und pflegte auf dem Titel hinzuzufügen „vermehrt und verbessert". Diese ungeschickten Veränderungen wurden sprichwörtlich.
Bann, weltliche und geistliche Gerichtsbarkeit, so **Blutbann**, Recht über Leben und Tod, **Bannmeile**, Gerichtsbezirk, welcher eine Meile im Umfange hat.
Bärme, von mhd. bern = feere, tragen, was sich emporgetragen, gehoben hat, Hefe.
Baß, ital. basso, niedrig, tief.
baß, veraltetes Adverbium, besser, mehr, leichter, eher; **fürbaß**, besser vor, weiter.
Beichte, mhd. bihte, ahd. pijiht, von pi und jehan, bekennen, also Bekenntnis.
Beifuß, mhd. bibôz, von bi und bôzen, schlagen, [s. Amboß], Kraut, welches als Gewürz an Speisen zu schlagen oder zu stoßen ist.
Beispiel, vom ahd. spel, Rede, Erzählung, eigentlich Beirede, dann Gleichnis, Fabel.
benedicen, von benedicere.
Bernhard, **Berno**, **Benno**, von ahd. pero, Bär, und hart, kühn wie der Bär (in der ältesten Zeit König der Tiere).
Bernstein, vom mhd. bernen, brennen, Stein, der im Feuer brennt.
Bertha (Berta), von berht, die Glänzende.
Bertram, von berht und hraban, Rabe.
Berthold, von berht und walt, der glänzend waltet.
bezichtigen, vom mhd. biziht, Kennzeichen der Schuld.
Bibel, von biblia, im Kirchenlatein als Singular gebrauchter Plural von βιβλίον [biblion], Büchlein.
Bischof, nach dem ital. vescovo, aus episkopus, ἐπίσκοπος [episkopos] Aufseher.
Bistum, ahd. bisctuom, verkürzt aus piscof-tuom.
Blachfeld, vom mhd. blach, neben vlach, flach.
Blankschelt, auch Blankschet, vom franz. planchette, Brettchen
blecken, glänzen lassen, sichtbar machen, zeigen, z. B. die Zähne.

blutarm, arm bis auf das Blut, d. h. nichts als das Blut [Leben] habend, im höchsten Grade arm.

blutfremd, bis aufs Blut d. h. gänzlich fremd.

Bombaſt, vom engl. bombast, bumbast = Wortſchwall, aufgeblähte Rede, eigentlich mit Baumwolle ausgeſtopftes Zeug, vom mittellat. bombax, Baumwolle.

Böſewicht, von böſe und wiht, Ding, verächtlich von Menſchen geſagt, elendes Weſen.

Botmäßigkeit, die Macht zu gebieten, von mhd. bot = Gebot, Befehl.

brach, nach der Ernte umgebrochen ruhend.

Brachmonat, Zeit des Brachlegens, der Juni.

Bräutigam, mhd. briutegomo [gome = homo], Brautmann.

Brief, vom lat. breve [kurzgefaßtes Schreiben]; **Breve,** päpſtliches Schreiben.

Brille, von berillus, beryllus, durchſichtiger Edelſtein.

Brombeere, mit verdunkeltem â vom mhd. brâmber, aus bram = Ginſter, Dornbuſch, und ber = Beere.

Bröſelein, [bei Goethe], Diminutiv von Broſam, Bröckchen, Brocken [von brechen].

Brüche, die, Vergehen [Geſetzesbruch] und Geldbuße dafür.

Bruno, der Braune.

Buchſtabe, von Buche und Stab, Buchenſtab mit eingeritzten Runenzeichen. Solche Stäbe wurden aufs Geratewohl über ein ausgebreitetes Gewand geſtreut, ſodann aufgeleſen [daher unſer leſen] und gedeutet.

Bugſpriet, aus dem niederl. boeg = Vorderteil des Schiffes, und spriet, ſchräge Segelſtange.

Bühl, [bei Goethe], ein kleiner Hügel.

Burſch, aus dem mittellat. bursa, Beutel [Börſe], Stiftungskaſſe zu gemeinſamer Unterhaltung, namentlich von Schülern; dann auch Genoſſenſchaft. Urſprünglich lautete das Wort die Burs [Burß, Burſch, Börſe] und wurde kollektiv gebraucht. Luther: Denn die Burſche [zu Wittenberg] iſt arm.

Butter, vom lat. butyrum, aus dem griech. βούτυρον [bútyron], welches

von βοῦς [bus], Kuh, und τυρός [tyrós], Käſe abgeleitet wird. Ein reindeutſcher Name iſt der [und die] Anke [ahd. anco und ancâ], welcher noch heute in der Schweiz, im Elſaß und am Oberrhein gebräuchlich iſt.

Centner, vom lat. centenarii [ponderis] = eines Gewichtes von hundert Pfund.

Dattel, vom ital. dattilo, aus griech. δάκτυλος [dáktylos] = Finger, wegen der Ähnlichkeit der Frucht mit einem Finger.

Degen, mhd. degen, Knabe, Diener, Gefolgsmann, Ritter, Held.

Degen [ensis], aus franz. dague, urſprünglich Dolch.

Demant, Diamant, mhd. diemant. ahd. adamant [von adamas], nach ital. diamante, franz. diamant gebildet.

Demut, aus diu [Diener] und muot Sinn, Luft], Luſt zu dienen.

deutſch, von ahd. diot = Volk, volksmäßig, volkstümlich, von unſerer Sprache im Gegenſatz zu der in der Kirche und bei den Gelehrten üblichen lateiniſchen geſagt; ſpäter auch im Gegenſatz zum Romaniſchen, Welſchen. Daher deuten, dem Volke verſtändlich machen, deutlich, allgemein verſtändlich.

Dienstag, ahd. Ziestac, Tag des Kriegsgottes Zio, daher dies Martis [mardi].

Dietlieb, Detlef, von diet, Volk, und -lip, -lib, -leip, der Hinterbliebene, der Nachgelaſſene, Sohn; vom Volke abſtammend, Volksſohn.

Dietrich, Theodorich, von diet und rich. Volksmächtig, griechiſch Demokrates.

Dohne, ahd. dona, Schoß, Ranke, welche zu Bügeln für die Schlinge umgebogen wird.

Dolmetſch, Dolmetſcher, vom poln. tlumacz.

Donnerkeil, keilförmiger Stein, der nach dem heidniſchen Volksglauben von Donar [Donner] geſchleudert wird.

Donnerstag, Donars Tag.

Drude, Name einer Walküre; Hexe;

Drudenfuß, dreifach in einander verſchlungenes Dreieck, Hexenzeichen.

Durchlaucht, mhd. durhlûht, gekürzt aus durhlûhtet, durchluchtet

durchstrahlt, fürstlich, herrlich, illustris.
Dutzend, vom franz. douzaine.
Eberhart, ahd. Eperhart, stark, kühn wie ein Eber.
Ecke, Eckehart, von ecke, Waffenspitze, Waffe.
Edmund, vom angelsächsischen cad, ed, ahd. ôt, Stammgut, und munt, Schutz, Schutz von Hab und Gut.
Edward, verderbt **Eduard**, Landeshüter
Edwin, Landesfreund.
Eiderdaune, dänisch, Flaum der Eidergans.
Eigendünkel, der sich ausschließliche Vorzüge aneignende Dünkel.
Eimer, ahd. eimpar, von ein und peran, tragen, Gefäß mit einer Trage, mit einem Griff, im Gegensatz zu **Zuber**, ahd. zuipar, Gefäß mit zwei Griffen.
einhellig, vom mhd. hellen = ertönen, also übereinstimmend.
Elend, mhd. ellende, ahd. elilenti, von eli- [= alius] ein anderer [nur in Zusammensetzungen] und lant, Land, also urspr. anderes fremdes Land, dann Bedrängnis.
Elentier, vom poln. jelen = Hirsch, früher mhd. elch.
Elle, urspr. Länge des Vorderarmes, mhd. elle, ahd. elna, élina, dem griech. ωλένη [oléne], Ellenbogen, und dem lat. ulna, Ellenbogen und Elle, entsprechend.
Elster, verkürzt aus mhd. âgelester, ahd. âgalastrâ, von a = aus, ohne, un-, und galstar, Zaubergesang; ursprünglich rauhschreiender, krächzender Vogel.
Engel, vom griech. ἄγγελος [ángelos], Bote.
Enkel, aus dem mhd. énikel, Verkleinerungswort, vom ahd. ano, Großvater [Ahn] und so urspr. gleichsam kleiner Großvater, der Großvater nach unten, in absteigender Linie.
entern, aus dem Niederländischen, vom span. entrar = intrare, hineingehen.
Enzian, Bitterwurz, von gentiana.
erbarmen, ursprüngl. im Busen, im Innersten bewegen, vom mhd. barm, Schoß, Busen. er- zeigt hier den Beginn der Handlung leise an.

Erbse, vom lat. ervum, Hülsenfrucht.
erdrosseln, durch Zudrücken der Drossel d. h. der Kehle töten.
ereignen, verderbt aus eräugnen, eräugen, vor das Auge bringen; ahd. sih erougan, sich sehen lassen, zeigen. Opitz: Sieh an die roten Wangen, In denen alle Zier und Ausbund sich eräugt.
Erich, von ê (Gesetz, Recht) und rich; von demselben Stamme kommt **Ewald**.
Erwin, Ehrlieb.
Erker, aus dem mittellat. arcora, vom lat. arcus, Bogen.
Erlaucht, mhd. erlûht, gekürzt aus erlûhtet, erliuhtet, herrlich, s. Durchlaucht.
erobern, [durch Gewalt] der Obere, der Herr wovon werden.
erörtern, von örtern, genau untersuchen, vom Plur. örter des mhd. ort, Punkt, Ende, Seite; also von allen Enden betrachten.
erquicken, mhd. erquicken, ahd. arquicchan, vom ahd. quec, lebendig, wieder lebendig machen, vom Tode erwecken.
Erz, nur in Zusammensetzungen, vom lat. archi-, aus dem griech. ἄρχειν [árchein], der erste sein, herrschen. Erzamt, erstes, höchstes Amt; Erzbischof, erzgrob, Erzschelm, Erzvater.
erzen [von er], mit Er anreden, wie duzen, ihrzen.
Fackel, vom lat. facula.
fahrende Habe, von fahren, sich bewegen, bewegliches Eigentum.
-falt, -fältig, -faltig, in Zusammensetzungen mannigfalt, Einfalt, ein-, zwei-, drei-, vielfältig, mannigfaltig, dreifaltig [Dreifaltigkeit]: so viel mal genommen [urspr. gefaltet], als das erste Wort der Zusammensetzung anzeigt. Vergleiche hiermit das lat. -plex in simplex, duplex von plicare, falten.
falsch, aus dem altfrz. fals, vom latein falsus.
Fastnacht, mhd. vasnaht, vasenaht, von vasen, schwärmen, Nacht des Schwärmens, Tag vor Aschermittwoch als Tag der ausgelassenen Freude. Fastnacht ist durch Umdeutung mit Anlehnung an Fasten gebildet.

Federlesen, substantivischer Infinitiv: angeflogene Flaumfedern ablesen; durch niedrige Künste schmeicheln; nicht viel Federlesens machen, nicht viel Umstände machen.

Federspiel, mhd. vederspil, von spil = Vergnügen; Vogelbeize, zur Beize abgerichteter Vogel.

Fee, frz. fée, ital. fata vom spätlat. fata [aus fatum] Schicksalsgöttin; vgl. Fata Morgana, die Fee Morgana, des Königs Artus zauberkundige Stiefschwester.

Fegefeuer, Reinigungsfeuer, von fegen, mhd. vegen, schön, glänzend, ganz rein machen.

Fehde, urspr. Feindschaft vom mhd. vehen, feindselig sein.

Fehe, die, das sibirische Eichhorn, vom mhd. vëch, verschiedenfarbig, weißgrau.

Feme, Femgericht, vom mhd. veme = Strafe, heimliches Gericht.

Feige, vom lat. ficus.

Felleisen, vom franz. valise durch Anlehnung von Fell und Eisen gebildet.

Ferge, mhd. verge, von varn, faren, fahren, Fährmann.

feudal, mittellat. feudalis, von feudum urspr. Vieh, Vermögen [faderfium, väterliches Vieh, Gut bei den Longobarden], Lehngut.

Finte, Trugstoß beim Fechten, Verstellung, Kniff, vom ital. finta von derselben Bedeutung.

Firn, mit fern zusammenhangend, alt, vorjährig; **Firnewein,** vorjähriger, alter Wein.

Flaum, von franz. plume, lat. pluma, Feder.

Fledermaus, ahd. fledarmûs, von flodarôn, flattern, mit den Flügeln schlagen, also urspr. Flattermaus.

Flinte, vom engl. flint, niederd. vlint, Kiesel, Feuerstein.

Flöte, vom altfranz. flahute, aus dem lat. flatus.

Folter, urspr. Mutterpferd, vom mittellat. poledrus, Füllen, Fohlen. Das Marterwerkzeug war ein Gestell mit vier Füßen nach der Gestalt eines Pferdchens, wie schon bei den Römern, welche die Folter equuleus nannten.

Forst, von altfranz. forest, aus dem mittellat. forestum; **Förster** von forestarius.

Frau, Herrin, mhd. vrouwe, vrowe, Femininum von ahd. frô, eigent. frohmachend, gütig, milde.

Freitag, Tag der Gemahlin Wodans und Beschützerin der Ehen.

Freund, von einem Particip. Präsentis gebildet; der Liebende.

Friedhelm, von Friede und Helm.

Friedhof, mhd. vrithof, vom ahd. vriten begünstigen, der zu Schonung und Sicherheit vor einem Gebäude und um ein solches eingehegte Raum; Vorhof der Kirche, Kirchhof.

Friedrich, Friedefürst.

frohlocken, mhd. frôhlocken = froh schlagen, nämlich die Hände vor Freude zusammenschlagen, plaudere.

fron, herrlich, heilig, vom mhd. vrôn, dem [göttlichen, geistlichen oder weltlichen] Herrn gehörig; daher die Frone, Herrendienst, fronen, einem Herrn dienen, frônen, dienen, Fronfeste. **Fronleichnam,** Leichnam des Herrn, der heilige Leichnam.

Frucht, vom lat. fructus; die germanische Bezeichnung hat sich im got. akran erhalten.

Fürst, ahd. furisto, d. h. der Vorderste [wie lat. optimus von ob], Erste vgl. das engl. first.

Gebresten, mhd. gebreste, fühlbarer Mangel, vom ahd. breste, Mangel.

gedrange, [Auf gedrangem Steg. Schiller.] mhd. gedrenge, Adjektiv, gedrange. Adverb., eng beisammen [gedrängt] enge.

Geest, hohes trockenes Sandland, urspr. unfruchtbares Land.

geheuer, sicher, namentlich vor Unheimlichem, vom mhd. gehiure, sanft, anmutig, auch was ohne Zauberei zugeht.

gerben, mhd. gerwen, von gar, d. h. bereit machen, zubereiten.

Gerhard, von gêr, Speer, und hart.

Gertrud, von gêr und trut, lieb; welche die Lanze liebt, Lanzenjungfrau, Walküre.

geruhen, mhd. geruochen, bedacht, besorgt sein, gern wollen, für gut befinden, belieben, vom ahd. ruocha, Sorgfalt.

geschweige, 1 Pers. Präs. ohne das persönliche Fürwort von geschweigen, mhd. vollständig ih geswige, ich schweige still davon [lat. ne dicam].

Geschwister, Kollectivum von Schwester, urspr. Gesamtheit der Schwestern, dann auch auf die Brüder ausgedehnt.

Gespenst, mhd. gespanst, gespenst = Verlockung, Täuschung, Trugbild, vom ahd. spanan, locken.

Gilde, urspr. die beim Opferschmause versammelte Genossenschaft, dann allgemeine Genossenschaft, Vereinigung.

Gletscher, franz. glacier von glacies. Der alte deutsche Name ist das Kes, mhd. kes, ahd. ches = Frost, Eiskälte.

Gottfried, Gottesfriede, Gotthard, der in Gott Kühne.

Groschen, vom lat. grossus, [sc. denarius], Dickpfennig.

Grummet, mhd. gruemmât, von grün und mähen; Gras, welches grün gemäht wird, im Gegensatz zu Heu.

Gründonnerstag, (Genetiv: des grünen Donnerstages, nach dem kirchlichen Ausdruck dies viridium, Tag der Grünen d. h. der öffentlichen Büßer, welche nach der Beichte am Donnerstag vor Ostern von ihren Sünden losgesprochen und als Sündenlose wieder in die kirchliche Gemeinschaft aufgenommen wurden. Im Kirchenlatein ist aber viridis nach einer alten Erklärung ein grunender, der dâ ôn sunde ist, grün.

Gulden, mhd. guldin, der guldin pfennic, nach dem lat. aureus denarius. Die Gulden wurden zuerst aus Gold gemünzt.

Günther, von gund, Krieg, und heri, Heer; Streiter, Kriegsmann.

Gustav, vom latinisierten Gustavus aus dem Schwedischen, vielleicht Kriegsstab.

Hag, mhd. hac = Einhegung, dichtes Gebüsch, Wald; ahd. hac = Stadt, wie haag im holländischen 's Graven haag. Daher: Hagebuche, auch Hainbuche = Heckenbuche, weil die jungen Stämme des Baumes sich leicht zu Hecken ziehen lassen. Hagebutte von Hag und mhd. butte [von bouton], Hagedornknospe.

Hagestolz, vom mhd. hac = Hag und stalt = seßhaft, urspr. Dieuer auf einem kleinen Grundstück, dann Junggeselle.

Hahn, Particip. von einem verlorenen Wurzelverbum hanan, [canere], der singende. Im Ahd. sagte man, wie im Lateinischen: Der Hahn singt [gallus cantat]. Der rote Hahn = wie ein Hahn vom Dach auffliegendes Feuer.

Halde, Abhang, vom mhd. halt, nach unten geneigt, abhängig.

Hals, in Geizhals = Mensch, Mann; so mhd. vrihals, ein freier Mann, vergl. Geiztrage u, Neidtragen = geiziger Mensch, neidischer Mensch

Hansa, Handelsinnung, Handelsgericht; ahd. hansa, Schar.

Hartwig, kühn im Kriege.

Hausen, der große Stör, daher Hausenblase, Leim aus der Blase des Störs.

Heerbann, Aufgebot der Freien zur Heeresfolge.

Heide, der, vom Femininum Heide, der Heidenbewohner, nach dem lat. paganus [von pagus] gebildet. Als das Christentum im römischen Reiche Staatsreligion geworden war, flüchteten sich die Anhänger des alten Götterglaubens aus den Städten auf das Land, daher wurden sie pagani genannt. Vgl. das franz. païen.

Heiland, mhd. und ahd. heilant, der Heilende d. h. Rettende [salvator, sauveur].

Heinrich, von heim, Haus und rich, Oberster des Hauses, Fürst.

Heirat, mhd. hirat, vom ahd. hîan = eine Ehe eingehen, und rât = Beratung, Besorgung, Zurüstung.

Heller, von haller pfennine, zu Schwäbisch-Hall geprägter Pfennig.

Hermann, Heeresmann, Krieger.

Herold, ahd. hariwalto = Heerbeamter, Botschafter im Kriege.

Herwig, Heerkämpfer.

heucheln, von hauchen, mhd. hûchen: leise sprechen, sanft thuen.

heuer, mhd. hiure, gekürzt aus dem ahd. hui jâru, in diesem Jahre.

Heuschrecke, d. h. Heuspringer, vom mhd. schricken, hüpfen, springen.

Hifthorn, umgedeutet Hüfthorn, von hift! dem Laut des Jagdhorns. Andere führen das Wort nach der

Schreibart **Hiefhorn** auf got. hiufan = klagen, heulen zurück.

Himbeer, vom mhd. hint, Hinde, Hindin, Hirschkuh.

Hoffart, mhd. hochvart, mit dem engl. high life zu vergleichen, durch Glück und Glanz ausgezeichnetes Leben, dann Stolz, Übermut infolge eines solchen Lebens.

Hölle, mhd. helle, Unterwelt, Reich der Todesgöttin, Hel = die Verborgene [von mhd. helen = hehlen, bergen], die im Schattenlande Nifl-heimr [Nebelheim] thront; dann im christlichen Sinne Ort der ewigen Verdammnis.

Holm, Insel, Halbinsel.

Hort, Schatz, sicherer Ort, Schutz.

hotzeln, [Maria und Joseph! Wie hotzelt Ihr ein! Bürger] von Hutzel, Hatzel, gebackene Birne, zusammenschrumpfen.

Hulda, die Holde, Gnädige.

Ida, ahd. Itä, Weib.

impfen, von ἐμφυτεύειν [emphyteúein], einpflanzen.

Jsegrim, mhd. Isengrim von ahd. isan, Eisen, und grima, Helm; Eisenhelm.

Kaiser, vom griech. Καῖσαρ [kaisar], Caesar.

Karfreitag, vom ahd. chara=Klage, Wehklage, als Todestag Jesu in der Kirche durch einen Klagegesang gefeiert; Karwoche, Klage-, Trauerwoche.

Karl, der Mann, auch der Starke, Unbeholfene. Als nach der Sage der nachmals „große" Karl von der Mühle, in der er aufgezogen worden war, mit etwas bäuerischen Sitten an den Hof kam, rief die Königin: „Schafft mir den Karl da aus den Augen!" König Pippin aber, der ihn als seinen Sohn erkannte, sprach: „Er soll hinfort Karl heißen."

kauderwelsch, von kaudern = kollern, wie der welsche Hahn, und welsch = Romane, Fremdling [vergl. Welschland], also dem Teutschen unverständlich redender Fremdling, unverständlich redend.

Kipper und Wipper, betrügerische Münzwechsler, Münzverfälscher, von kippen = beschneiden, nämlich die Münzen am Rande, und wippen = wägen, schnellen, [falsch wägen].

Kleinod, urspr. kleine, zierlich, fein gearbeitete Sache, dann wertvolle Schmucksache.

Knittelvers, richtiger Knüttelvers d. h. ein Vers, hart wie ein Knüttel.

Köder, mhd. querder = Lockspeise, an die Angel stecken: wie denn im Berner Oberlande der Regenwurm noch der Kerder heißt.

Kolkrabe, Gollrabe, verwandt mit golkatzen, rülpsen, gurgeln.

Konrad, Kuno, Kurt, von kuon, kühn, und rät; kühn im Rat.

Krammetsvogel, im 15. Jahrhundert kränwitvogel, von mhd. kranewit [chran = Korn, witu = Holz], Wachholderstaude. Der Krammets-vogel frißt am liebsten Wacholderbeeren.

Kunigunde, kühn im Kampfe (gund).

Kurfürst, von mhd. kür, ahd. churi = Wahl, also Wahlfürst.

Laie, lat. laicus, vom gr. λαός [laós], Volk, zum Volke gehörig; im Gegensatz zu den Geistlichen.

Lambert, Lantpert, Landesglanz.

Landsknecht, Bewaffneter zu Fuß im Dienste eines Landesfürsten.

Langobarde, gewöhnlich Longobarde, nach dem lat. Langobardus, Longobardus, vom ahd. Volksnamen Lancpart, d. h. Langbart.

Laubfrosch, laubgrüner Frosch.

Laune, mhd. lûne, vom lat. luna, der Mond, Mondwechsel, dann wechselnde Gemütsstimmung. Davon launisch, urspr. mondsüchtig.

Lebkuchen, mhd. lebekuoche, von lebe, welches aus libum, Opferkuchen, entstanden. Die Bezeichnung ist tautologisch, wie Lindwurm. Mit Anlehnung an lecken, sagt man Leckkuchen.

lecken, [„Das ist springen, hüpfen." Luther.] Wider den Stachel lecken [nicht löcken] = gegen den Sporn ausschlagen.

Lee, Seite unter dem Winde, urspr. Schatten, Zufluchtsort.

Leichdorn, Dorn im Fleisch, von lih = Fleisch, Körper.

Leichnam, mhd. lichnâme, lichnam, ahd. lihhamo von lih = Körper und hamo = Hülle.

Leonhard, kühn wie ein Löwe.

Leopold, Liutpold, von liut, Volk und balt, kühn.

Zu guter Letzt, unigedeutet aus: zu guter Letze, vom mhd. letze, das Ende, der Abschied, dann die Gabe zum Abschiede. Von mhd. lotzen kommt sich letzen, sich erquicken.

Leumund, [Leum-und] vom Stamme hliuuu, laut sein, hören, also etwas, was laut wird, was verlautbart; das Gerücht, die öffentliche Meinung.

Lindwurm, von ahd. lint, Schlange, und wurm, Schlange, Wurm. So auch Lindbrache, linttrache.

Ludwig, von blût, Ruhm, und wic, Krieg, Kriegsruhm.

Lunte riechen, d. h. Gefahr wittern, von dem früher üblichen Abfeuern der Gewehre mittels der Lunte hergenommen.

Mahl, ahd. mâchal = Gericht, Gerichtsstätte. Davon Mahlschatz, urspr. Kaufgeld für die Braut, dann Heiratsgabe, Mahlstatt, Gerichtsort.

Mahl, mhd. mâl, ein Gang Speisen.

Mal, mhd. mâl, Zeichen, Abschnitt.

Mal, Flecken, verunstaltende Stelle.

Mahr, mhd. diu mare. Mare ist ein trugnusse des menschen vnd kumpt von seynem plut, lebern vnd lungen, wen im dz [wenn ihm das] auff seinem hertzen ligt, effaltes, [d. h. ἐφιάλτης], incubus. Vergl. französ. cauchemar, engl. nightmare.

Mandelkrähe. Der Vogel, der zur Erntezeit, wenn die Mandeln, d. h. die Fruchthaufen von je 15 Garben auf dem Felde stehen, zu uns kommt und sich gern auf den Mandeln niederläßt.

Märchen, vom mhd. maere, Kunde, Erzählung, wovon Märe.

Markt, vom lat. mercatus, Marketender, vom ital. mercatante.

Marschall, mhd. marschalc, von ahd. marah, = Pferd und schale = Knecht, Pferdeknecht, Aufseher über die Pferde, Hofbeamter, der über das berittene Gesinde gesetzt ist; jetzt Ehrentitel für Feldherren und Bezeichnung für Stabträger bei feierlichen Aufzügen.

Marstall, Pferdestall.

Marter, vom gr. μαρτύριον [martý-

rion], Zeugnis, dann Leiden [für den Glauben an Christus].

Märtyrer, vom gr. μάρτυρ [mártyr] Blutzeuge.

Mathilde, von maht, Macht, und hiltja, Kampf.

Maulwurf, mhd. moltwurf, von molt = Erde und wurf = Werfer, also Erdwerfer; molt ging schon frühe in Maul über.

Meerkatze, so benannt, weil das Tier über das Meer, aus Afrika, zu uns gekommen ist und einen langen Schwanz wie eine Katze hat.

Meerrettich, über das Meer zu uns gekommener Rettich, b. i. radix. Dieselbe Bedeutung hat Meer in Meerschweinchen.

Meier, von maior [franz. maire], Hausmeier = maior domus.

mein [Mein! sag, wer schoß da draus. Goethe.] als Partikel gebrauchtes pronomen personale, soviel als: Mein Lieber, ich bitte dich (quaeso).

Meineid, mhd. meineit, von mein = Unrecht, Falschheit, und eit.

Meister, aus magister, Vorgesetzter [vgl. magister equitum], Lehrer.

Mensch, ahd. mennisco, von man, denkendes Wesen.

Messe, vom lat. missa (sc. est contio].

Mette, vom lat. matutina sc. hora, Morgengottesdienst.

Meuchelmord, vom ahd. mûchil, heimlich, heimlicher Mord.

Minne, b. h. Gedenken, herzliches Gedenken, Zuneigung, Liebe.

Mode, franz. mode, vom lat. modus.

Mohr, vom lat. Maurus.

Mönch, vom lat. monachus.

Mummenspiel, soviel als Maskenspiel, von mumme = Larve, Maske.

Mund, in dem Sprichwort: Morgenstunde hat Gold im Munde, von mhd. diu munt, die flache Hand, Schutz, Gewalt über eine Person, [wie lat. manus], vergl. Vormund; also die Morgenstunde [personificiert gedacht] hat Gold in der Hand, bietet dem Fleißigen Gold.

Münster, vom lat. monasterium.

Münze, vom lat. moneta.

Muße, mhd. muoze, Freiheit [von Geschäften].

Muttersprache. Warum sagen wir

Muttersprache? „Die ersten Worte vernimmt der Säugling an der Mutterbrust, von der weichen und sanften Mutterstimme ihm entgegen gesprochen, und sie schmiegen sich fest in sein reines Gedächtnis, bevor er noch der eigenen Sprachorgane mächtig geworden ist, darum heißt sie die Muttersprache.'
J. Grimm.

Nachbar, mhd. nāchgebūre, von nah und gebūr, Bauer.

Nachtigall, vom ahd. naht, Nacht und gala, Sängerin, also Nachtsängerin, Sängerin der Nacht.

naiv, vom franz. naïf, aus dem lat. nativus, angeboren, natürlich.

Narrenteiding, mhd. narren teidinc, d. h. der Narren Verhandlung; teidinc gekürzt aus tagedinc findet sich wieder in verteidigen.

Naue, Frachtschiff, ahd. nāwa = Schiff, von navis.

Neger, lat. niger.

Niednagel, niederdeutsch für Neidnagel. Nach dem Volksglauben wird derjenige, dem sich die Haut neben dem Nagel ablöst, von einem anderen beneidet.

Nießbrauch, von Nieß = Nutzen und Brauch = Verwendung, nach dem lat. usus fructus gebildet.

Oblate, vom lat. oblata [sc. hostia].

opfern, vom lat. offerre, darbringen.

Oriflamme, die Fahne des Klosters St. Denis von roter Seide an vergoldeter Lanze, vom franz. oriflamme aus dem mittellat. auriflammula von aurum [franz. or] und flammula [flamma] Flämmchen, Fahne von zackiger Flammengestalt.

Orkan, karaibisches Wort (span huracán).

Orlogschiff, durch Vermittelung des niederländischen oorlog, vom ahd. urlac = Schicksal, dann, weil den Germanen der Ausgang des Krieges der mächtigste Moment des Schicksals war = Krieg, also Kriegsschiff.

Ortband, vom mhd. ort = Waffenspitze, das hohle Blech an der Spitze einer Degenscheide.

Ortolan, Fettammer, vom ital. ortolano, aus dem lat. hortulanus, Gärtner. Der Vogel hält sich gern in Gärten, Büschen und Weinbergen auf.

Ortsthaler, ein viertel Thaler.

Oskar, von ags. (= angelsächsisch), ans. ōs, Ase, und gēr; Gotteslanze, göttlicher Kämpfer.

Ostern, Pluralis, weil das Fest mehrere Tage dauert, von Ostrā, der Göttin des neuen Frühlingslichtes [von ōst, Osten, welche die Kinder mit Eiern beschenkt, daher Ostereier.

Oswald, von ags. ōs (Ase) und walt.

Pacht, vom lat. pactum [Vertrag], woher auch Pakt.

Palast, mhd. palas, prächtiges Gebäude in einer Burg mit einem großen Saale, Speisesaal, vom frz. palais, das aus palatium entstanden ist. Unmittelbar von. palatium wurde im Teutschen Pfalz [Burg] gebildet. Neben Palast wird jetzt auch das rein französische Palais gebraucht.

Panier, Heerfahne, Banner, mhd. banier, von frz. bannière.

panischer Schrecken, nach dem gr. δεῖμα πανικόν [deima panikón], der vom Waldgotte Pan herrührende Schrecken, das Grauen der Waldeinsamkeit; dann plötzlicher Schrecken, weil Pan die Titanen im Kampfe gegen die Götter plötzlich erschreckte und zur Flucht wandte.

Pappel, vom lat. pōpulus.

Paß, Durchgang vom franz. pas, aus dem lat. passus.

Paß, der Paßgang eines Tieres, z. B. eines Pferdes, des Kamels, wie das vorige entstanden; davon Paßgänger, mit deutschem Namen Zelter.

Paß, die Paßkarte, auch von pas herkommend.

Paß, das Maß, das zutreffende Maß; Angemessenheit, die rechte, gelegene Zeit, von passus, Schritt, als Längenmaß, abgeleitet. Man sagt: von Paß sein, d. h. von dem Maße sein, wie es sein soll; wohl zu Paß sein, d. h. recht gesund sein. Davon päßlich, unpäßlich).

Pate, vom lat. pater [spiritualis], der geistliche Vater, der das Kind aus der Taufe hebt; jetzt auch der Täufling selbst, der ahd. funtivillol, d. h. fontis filiolus, Taufsöhnchen, genannt wurde.

Pein, aus mittellat. pena [für poena.]

Peterſilie, vom mittellat. petrosolinum, Steineppich.

Pfarre, aus mittellat. parra für parrochia [parochia] vom griech. παροικία [paroikia], Wohnung des Geiſtlichen. Davon Pfarrei, Pfarrer, Pfarracker, Pfarramt.

Pfennig, mhd. pfennic, vom ahd. pfant = Pfand, mit der Ableitungsſilbe inc, auf den älteſten Handel, den Tauſchhandel, hinweiſend und das geprägte Geldſtück als Pfandwert bezeichnend.

Pferd, ahd. parafrid, vom mittellat. paraveredus, Nebenpferd.

Pfingſten, Plural, vom griechiſchen πεντηκοστή [pentekosté] sc. ἡμέρα [heméra], der fünfzigſte Tag nach Oſtern.

Pfirſich, vom lat. persicum sc. malum, perſiſcher Apfel.

Pickelhaube, von beckenhûbe, aus becken = Becken und hûbe = Haube, Beckelhaube, Kriegshaube in der Form eines Beckens. [Don Quixote hält ein Barbierbecken für den Helm Mambrins.]

Pilger, ahd. pilikrin, aus lat. peregrinus, der Fremde, im kirchl. Latein der Wallfahrer.

Platzregen, vom mhd. plaz = ſchallender Schlag.

Poſt, vom mittellat. posta für posita, im Sinne von statio, Standort der zur Reiſebeförderung aufgeſtellten Pferde.

Poſtille, von mittellat. postilla, Predigtbuch mit fortlaufender Erklärung über die Evangelien und Epiſteln, entſtanden aus post illa, nämlich verba auctoris, nach jenen Worten des Verfaſſers, womit die Erklärungen gewöhnlich anfingen.

Preis, vom lat. pretium.

preisgeben, ſchutzlos hingeben, vom frz. prise, Beute.

Prieſter, aus dem Kirchenlat. presbyter, der Gemeindeälteſte.

Probe, vom ſpätlat. proba, Verſuch; davon erproben, probieren.

Propſt, mhd. prôvost, [woher Proſoß], von praepositus, Vorgeſetzter; geiſtlicher Vorſteher.

prüfen, vom frz. prouver [probare].

Puls, vom lat. pulsus, Schlag, im mittellat. = Aderſchlag.

Quackſalber, vom niederdeutſchen quakken, quaken, wie ein Froſch ſchreien, und Salber, ahd. salpari, Salben-, Arzneiverkäufer, ungelehrter, marktſchreieriſcher Arzt.

Quappe, Fiſch, mit breitem, dickem Kopfe, aus dem lat. capito, Großkopf.

Queckſilber, vom mhd. quec, lebendig, regſam, nach argentum vivum gebildet.

Quinteſſenz, aus dem frz. quintessence, vom mittellat. quinta essentia, der fünfte Urſtoff [Äther], dann der aus einem Körper ausgezogene feinſte, geiſtige Stoff.

quitt, vom mittellat. quitus [= quietus], ledig, frei.

quittieren, vom mittellat. quitare [quietare], ruhig, ledig machen, entledigen in Bezug auf eine Schuld.

Rabenmutter, Rabenvater. Dieſe Ausdrücke beruhen auf dem Volksglauben, daß die Raben ihre nackten Jungen ihrem Geſchicke überlaſſen.

Rabenſtein, der von den Raben umſchwärmte Steinhaufen, dann der von Raben umſchwärmte Galgen.

Rädelsführer, vom Rädel [Rädlein] = Kreis, von zuſammenſtehenden gebildeter Ring, Reihen; alſo urſpr. Reihen-, Chorführer.

Ränke, vom mhd. ranc, krummer Weg.

Rappe, rabenſchwarzes Pferd, vom ahd. rabo, Rabe.

rauch, mit Haaren, Federn, Stacheln bewachſen, Rauchwaaren, mhd. rûch = Pelz, Pelzwaaren.

Rebhuhn, mit kurzem e wie im ahd. repahuon, Huhn, welches die Rebe liebt, ſich gern in Weinbergen aufhält.

Rechtens, [Das iſt bei uns Rechtens. Schiller.] Genetiv von dem nicht mehr gebräuchlichen Neutrum: Rechte für Recht, nach der Analogie von Herzens.

Reim, ahd. rîm, Zahl; vergl. numerus = Zahl und Rhythmus.

reiſig, dem Kriegszug angehörig, vom mhd. reise, Aufbruch, Kriegszug.

Reislaufen [ſchweizeriſch], laufen in

fremden Kriegsdienst, vom obigen reise,
Renntier, vom gleichbedeutenden schwed. ren, zur Verdeutlichung mit Tier zusammengesetzt.
Reede (Rhede), urspr. Ausrüstungsort der Schiffe, vom niederdeutschen rede aus reeden, [von reed = bereit], bereit machen, ausrüsten.
Rhein, wohl nicht vom ahd. rinnan, rinnen, der Rinnende, sondern keltischen Ursprungs.
Richard, von rich und hart, gewaltiger Fürst.
Riedgras, Schilfgras, Schilfrohr.
Robert, Ruotprecht, Ruprecht, von hrôd, Ruhm, Ruhmesglanz.
Rohrdommel, ahd. horotumbel, von horo = Sumpf und tump = dumm; später umgebildet rôrtumel. Der Vogel lebt an Sümpfen am Rohr und wird für dumm gehalten, weil er verwundet nicht flieht, sondern sich zur Wehre setzt,
Roland, Ruotland, Ruhmesglauz, durchs Land berühmt.
Roßkamm, urspr. Kamm zum Putzen der Pferde, dann Pferdehändler, der die Tiere zum Kauf mit dem Kamm herausputzt.
Roßtäuscher, der durch betrügliches Aufputzen des Pferdes und Verschweigen der Fehler täuschende Pferdehändler.
ruchlos, urspr. vernachlässigend, vom ahd. ruachalôs, aus ruocha, Sorge, s. geruhen.
ruchtbar, vom mhd. ruchte, Geschrei, Gerücht, durch das Gerücht bekannt. Für ruchtbar gebraucht Goethe ruchbar.
Rudolf, der Ruhmeswolf.
Rune, ahd. rûna, Geheimnis, altes Schriftzeichen, s. Alraun.
Rüste, (Die Sonne ging zur Rüste. Rückert) Ruhe.
Samstag, ahd. sambaztac, nach sabbati dies gebildet, vergl. das frz. samedi.
Sarg, mit Kürzung aus sarcophagus, σαρκοφάγος [sarcophágos] = fleischfressend. Totenlade aus dem animalische Bestandteile schnell zerstörenden Kalkstein gleichen Namens.
Saumroß, Saumtier, Lastpferd, mhd. soum, aus dem mittellat. sauma von sagma, Packsattel, Last.

Schach, persischer König, davon Schachspiel, welches nach dem Könige als der Hauptfigur benannt ist. In dem Ausdrucke: Schach dem Könige! ist der ursprüngliche Begriff verdunkelt. Die Bezeichnung matt im Schachspiel ist nach frz. mat gebildet, vom arab. mat [mata], er ist gestorben, tot.
Schächer, Räuber, mhd. schâchaere, von schâch, Beute, Raub.
Schalk, urspr. Knecht, dann knechtisch böser, boshafter Mensch.
Schanze, etwas in die Schanze schlagen, d. h. etwas aufs Spiel setzen, mhd. schanze, Würfelwurf. Einsatz, vom franz. chance, aus mittellat. cadentia, das Fallen [der Würfel].
Schanze, die Befestigung, mit dem vorigen nicht verwandt, ursprüngl. Reiserbündel.
Scharmützel, vom ital. scaramuccio, kleines Gefecht.
Schemel, vom spätlatein. scamellum. Bänkchen.
schier, mhd. schiere, ungestüm, in, kurzer Zeit, bald; dann beinahe.
Schildwache, urspr. Wache mit dem Schilde in der Hand, d. h. in voller Rüstung.
Schlittschuh, nach Schlitten umgedeutet aus Schrittschuh, Schuh zu weitem Schritt, ahd. scritescuoh, Flügelschuh.
Schmetterling, von schmettern, leicht zerbrechliches Wesen.
Segen, vom lat. signum [crucis], das Zeichen des Kreuzes; segnen, mittellat. signare, das Zeichen des Kreuzes machen.
selig, ahd. saelic, beglückt, gesegnet
-selig, in Zusammensetzungen vom mhd. -sal abgeleitet, so trübselig von trübesal, Trübsal.
Siegel, vom lat. sigillum.
Siegfried, von sige, Sieg, und fride, Friede, Friedebringer durch den Sieg.
Siegmund, von sige, Sieg, und munt. Schutz, Schützer; Siegeshort.
Spargel, vom lat. asparagus.
Sodbrennen, von sieden, siedend heißes, heftiges Brennen.
Stegreif, Steigbügel, von steigen und Reif = Ring; aus dem Stegreif,

ex tempore, vom Pferde herab, ohne erst abzusteigen, sofort.

Straße, vom lat. strata [via].

Sündflut, umgedeutet aus sinvluot, von sin, groß, und vluot, Flut.

taufen, ahd. toufan, in die Tiefe lassen, untertauchen.

Teufel, ahd. tiuvel, vom gr. διάβολος [diabolos].

Thaler, von der böhmischen Stadt Joachimsthal benannt, wo die Münze zuerst geprägt wurde.

Theobald, Theodorich, von theod, Volk.

Thusnelda, aus Thursinhilda, Riesenkampf.

Tinte, vom lat. tincta sc. aqua.

Tölpel, vom mhd. dorper, törper, Dorfbewohner, Bauer, ungeschickter Mensch.

Traufe, ahd. troufa, von triofan, triefen, also Rinne.

Truchseß, der die Speisen aufträgt, von mhd. truhsaeze, von zweifelhafter Zusammensetzung.

Tulpe, vom franz. tulipe.

Turnier, vom frz. tourner, wenden, lenken; Kampfspiel zu Pferde, bei dem es auf die geschickte Lenkung des Pferdes ankommt.

Ulrich, aus Uodalrich, von uodal, Stammgut; Herr des Stammgutes.

Unhold, nicht freundlich gesinnt, Feind, der böse Feind, ein böser Geist.

Unversehrt, vom mhd. sére, schmerzlich, von sér, Schmerz, also ohne Schmerzen.

Ur, Auerochse, uri gallica vox est, qua feri boves significantur.

Uhr, vom lat. hora.

Veilchen, vom lat. viola.

Verdikt [der Geschworenen], von vere dictum.

Vergnügen, von genug.

Vogt, von vocatus [advocatus, wovon Advokat].

Volkmar, von Volk, und maere, berühmt.

Vulkan, vom lat. Vulcanus, Gott des Feuers.

Wahlplatz, Wahlstatt, Schlachtfeld, vom mhd. wal, die Todten des Schlachtfeldes als die von den Walküren, den Schlachtjungfrauen, erwählten; dann Schlachtfeld.

Waldemar, von walten, herrschen, schützen, und maere; berühmter Herrscher.

Walfisch, mit Anlehnung an Wall von wal = balaena.

Walnuß, welsche Nuß, d. i. fremde Nuß, s. kauderwelsch.

Walther, der des Heeres waltet.

Wat, Kleid [vierfältig Tuch zur Wat. Uhland].

Wergeld, Geld, Ersatz für einen erschlagenen Mann, von wer, Mann.

Werwolf, ein Mann in Wolfsgestalt [versipellis], von wer.

Weidmann, von weide = Jagd.

Welt, mhd. werlt, werelt, ahd. weralt = Menschenalter, generatio, saeculum, Menschheit und Wohnsitz der Menschheit.

Werder, Insel; Marienwerder = Mariae insula.

widmen, vom ahd. widemo, Geld, womit die Braut erkauft wird, Morgengabe; daher Wittum.

Wiedehopf, Holzhüpfer, vom ahd. witu, Holz.

Wilhelm, von Wille und Helm, einer, dessen Wille nach dem Helme steht.

Witwe, vom lat. vidua.

Wolfgang, von Wolf und Gang; Held, dem der Wolf des Sieges vorangeht. „Zwei Wölfe, Freti und Geri, begleiten Odin als seine Hunde, mit ihnen zieht er in die Schlacht der Menschen. Der Wolf ist daher ein siegverkündendes Tier."

Wolfram, von Wolf und hraban, Rabe, welche Odins Begleiter sind.

Wonnemonat, umgedeutet aus dem ahd. winnemânôth, weil in diesem Monat das Vieh auf die frische Weide getrieben wurde, Weidemonat, der Mai [vom lat. Maius].

Zettel, vom lat. schedula.

Ziegel, vom lat. tegula.

Ziemer, frz. cimier, Rückenstück, daher Rehziemer.

Ziffer, aus dem Arabischen, Zahlzeichen.

Zins, vom lat. census.

Zuber, ahd. zuipar, Gefäß mit zwei Griffen, s. Eimer.

Zwerchfell, von zwerch = quer; Zwerchsack, Quersack.

Druckfehler.

S. 2, Z. 3 v. u. lies: **Kompanie** statt Kompagnie.
S. 3, Z. 16 v. unten lies: **Emblem** statt Embleme.
S. 7, Z. 2 v. u. lies: **Öl** statt Ol.
S. 8, Z. 4 und 5 v. o. trenne: **Par-oxysmus** statt Pa-roxysmus.
S. 18, Z. 19 v. o. lies: **§ 250** statt § 253 und Z. 17 v. u. lies: **Genetiv** statt Genitiv; ebenso S. 20, letzte Zeile v. u., S. 27, Z. 19 v. u., ferner S. 26, Z. 8. v. u. lies: **Genetivs** statt Genitivs.
S. 24, Z. 16 v. u. lies: **Adjektivs** statt Adjectivs; ebenso S. 25, Z. 15 v. o.
S. 24, Z. 15 v. u. lies: **Adjektiv** statt Adjectiv; ebenso S. 25, Z. 4 u. 16 v. u.
S. 24, Z. 7 v. u. lies: **Adjektiv** statt Adjetiv; auf derselben Seite, letzte Zeile lies: **brave** statt braver.
S. 29 lies am Rande: **111** statt 113.
S. 30 füge am Rande Z. 3 v. u. hinzu: **118**.
S. 31, Zeile 17 v. o. setze ein Komma hinter **viel**.
S. 31 und 32 lies im Paradigma **Judik.** statt Indic.
S. 45, Z. 19 u. 20 v. o. lies: **Adjektiven** statt Adjectiven; auf derselben Seite, Z. 9 v. u. lies: **§ 195, § 198** statt § 197, § 200.
S. 46 lies: **19)** statt 18); S. 47 **20)** statt 19).
S. 47, Z. 10 v. o. lies: **sensa** statt sensa.
S. 48, Z. 11 v. o. lies: **Adjektiv** statt Adjectiv.
S. 50, Z. 10 v. o. lies: **§ 32** statt 32; auf derselben Seite, Z. 3 v. u. lies **Wirtin** statt Wirthin.
S. 51, Z. 13 und 14 v. o. lies: **Genetiv** statt Genitiv; auf derselben Seite, Z. 15 v. o. lies: **Adjektiven** statt Adjectiven; ebenso S. 53, Z. 10 und 17 v. o.
S. 54, Z. 13 v. u. lies: **§ 180** statt 178; auf derselben Seite, Z. 4 v. u. lies: **Übel** statt Ubel und Z. 3 v. u. **Übung** statt Ubung.
S. 55, Z. 8 v. u. lies: **Adjektiv** statt Adjectiv.
S. 59, Z. 7 v. u. lies: **schreit's** statt schreits.
S. 62, Z. 12 v. u. lies: **Ölbaum** statt Olbaum.
S. 63, § 243 und 244 streiche die Zahlen in den Klammern.
S. 64, Z. 8 v. o. lies: **(1);** statt (1;); auf derselben Seite, Z. 16 v. o. streiche das Komma vor **nur**; Z. 19 v. u. lies: **eben** statt aber.